新工科技术创新能力培养实践探索

吴笛 ◎ 著

西南交通大学出版社
·成都·

图书在版编目（CIP）数据

新工科技术创新能力培养实践探索 / 吴笛著. —— 成都：西南交通大学出版社，2024.3
ISBN 978-7-5643-9764-7

Ⅰ. ①新… Ⅱ. ①吴… Ⅲ. ①高等学校 – 工科（教育）- 人才培养 – 研究 – 中国 Ⅳ. ①G649.2

中国国家版本馆 CIP 数据核字（2024）第 056246 号

Xingongke Jishu Chuangxin Nengli Peiyang Shijian Tansuo
新工科技术创新能力培养实践探索
吴 笛 著

责 任 编 辑	李 伟
封 面 设 计	墨创文化
出 版 发 行	西南交通大学出版社
	（四川省成都市金牛区二环路北一段 111 号
	西南交通大学创新大厦 21 楼）
营销部电话	028-87600564　028-87600533
邮 政 编 码	610031
网　　　址	http://www.xnjdcbs.com
印　　　刷	成都蜀雅印务有限公司
成 品 尺 寸	170 mm × 230 mm
印　　　张	12
字　　　数	166 千
版　　　次	2024 年 3 月第 1 版
印　　　次	2024 年 3 月第 1 次
书　　　号	ISBN 978-7-5643-9764-7
定　　　价	60.00 元

图书如有印装质量问题　本社负责退换
版权所有　盗版必究　举报电话：028-87600562

前言
PREFACE

庆幸生活在一个飞速发展的时代。经过量的累积，我国制造业调整姿态向高质量发展奋进。作为西昌学院机械电子工程专业的教师，深感为我国制造业培养机电工程技术人员责任重大；同时也深知我国制造业需要有创新意识、创新能力、敢于创新实践的创新型技术人才。为此在教学实践过程中，作者不断探索制造企业的创新出路及有效的创新型人才培养方法。

学生在每一次实习过程中都会发现影响生产效率的问题，从而激发出无穷的创新动能。为寻求技术改进方案，本书扩充了很多专业知识，在方案论证过程中打开了思路，改善了思维模式，并对改进后的成果进行了客观、综合评价。这种全过程的技术创新活动经历对我国未来的工程师们来说是必要的，也是宝贵的，因为推动中国制造业高质量发展所需要的强大创新动力来自他们。

本书的出版，是对自己多年来进行制造业技术创新研究工作的一个总结，从中分享取得的成果，分析研究思路及方法的不足；希望在此基础上，能就新工科技术创新方向及创新型人才培养作更深入的研究。

本书在写作过程中参考和引用了一些文献资料的内容，并得到了阿坝师范学院吴昊教授的指导和帮助，在此表示感谢！

由于作者水平有限，疏漏及不足之处在所难免，敬请读者批评指正。

吴 笛

2023 年 5 月

目录 CONTENTS

第一章　中国制造业发展现状及创新型理工科人才培养　001
 第一节　中国制造业发展现状　001
 第二节　我国高等教育对经济建设的杰出贡献　005
 第三节　我国理工科人才培养面临的挑战　007
 第四节　理工科专业学生参与制造业技术创新活动思考　011

第二章　生产设备可视化技术资料制作研究　016
 第一节　问题背景调查和分析　016
 第二节　总体方案设计及论证　019
 第三节　机构可视化技术资料制作过程　021
 第四节　实践创新意义　052

第三章　山地花椒采摘机械臂设计　053
 第一节　问题背景调查和分析　053
 第二节　总体方案设计及论证　054
 第三节　山地花椒采摘机械臂设计过程　055
 第四节　实践创新意义　088

第四章　汽车流水线弹性卡箍电动分装工具改进　090
 第一节　问题背景调查和分析　090
 第二节　总体解决方案设计及论证　092
 第三节　汽车流水线电动弹性卡箍电动分装工具设计过程　093
 第四节　实践创新意义　121

第五章　马铃薯颗粒全粉加工工艺改进研究　122

第一节　凉山地区开发马铃薯全粉产品的必要性　122

第二节　马铃薯颗粒全粉与雪花全粉通用生产工艺简介　128

第三节　马铃薯颗粒全粉加工工艺简化研究　130

第四节　不同加工工艺马铃薯颗粒全粉品质质量影响研究　144

第五节　实践创新意义　152

第六章　马铃薯深加工产业中的绿色制造探索　153

第一节　绿色制造及意义　153

第二节　现代制造企业必须认识生态环境保护的重要性　154

第三节　马铃薯皮渣的资源化利用　155

第四节　沼气的产业化对城市节能发展的作用　160

第五节　我国农业废弃物沼气生产的现状及前景　165

第六节　马铃薯皮渣与牛粪不同配比生产沼气效果研究总结　173

第七节　实践创新意义　182

参考文献　184

第一章 中国制造业发展现状及创新型理工科人才培养

第一节 中国制造业发展现状

一、改革开放成就了制造大国

中国用短短几十年时间,走过了西方国家两三百年走过的工业化进程,如今的中国已经成长为一个制造大国。而制造大国的最大特征就是工业是国家经济发展的引擎,即国家经济发展通过强大的工业来驱动,这就意味着我国在全面推进社会主义现代化建设过程中,实现了经济结构高级化的现代化建设过程。

众所周知,制造业是工业的主体和核心,制造业的规模和质量决定了国家的工业发展水平,从而决定了国家经济发展的速度和质量。因此,只有高质量的中国制造业才能确保中国经济这艘大船乘风破浪、行稳致远。自 1978 年改革开放以来,中国在"制造兴国"的道路上稳步前行,从总量上看已经成为世界第一制造大国。首先从门类方面看,在联合国工业大类目录中,我国制造业覆盖了全部 31 个大类、179 个中类和 609 个小类,是全球产业门类最齐全、产业体系最完整的国家。其次从数量方面看,中国制造业在世界中的份额持续扩大:1990 年中国制造业占全球的比重为 2.7%,居世界第九位;2000 年上升到 6.0%,居世界第四位;2007 年达到 13.2%,居世界第二位;2010 年占比达到 19.8%,跃居世界第一;2016 年,中国制造业增加值占世界比重达到 24.5%，几乎是世界第二的美国和第三的日本制造业增加值的总和。尽管受疫情影响，2021 年我国制造业增加值仍然达到 31.4 万亿元，制造业占全球比重达到近 30%，持续保持世界第一制造大国地位。

二、"大而不强"的中国制造现状

经过四十多年"追赶式"发展，中国制造在数量上赢得了绝对的优势，然而"量"的发展带来的我国制造业发展不平衡、不充分弊端也逐渐显现出来，"大而不强"是摆在中国制造业面前的亟须解决的难题。其中，最尖锐的矛盾体现在：①制造业产业结构发展不平衡，制造业产业结构高级化发展不充分；②制造业产业组织结构发展不平衡，产业组织合理化程度不高，优质企业数量不够；③制造业产品结构发展不平衡，高品质、个性化、高复杂性、高附加值的产品供给不充分。

三、推动制造业高质量发展

党的十九大报告指出，中国经济已经从高速增长转向高质量发展阶段，这意味着长期以来中国推进的快速工业化战略也需要转型，需要从高速工业化转型到高质量工业化。中国制造"大而不强"的特征，更是需要推进中国制造从高速增长转向高质量发展。中国制造业高质量发展主要解决的问题如下：

1. 解决中国高速工业化进程中存在的发展不平衡、不充分问题

这些不平衡和不充分主要体现在：工业化进程的区域发展不平衡，一些区域的工业化发展不充分；产业发展的结构不平衡，创新能力和高端产业发展不充分；实体经济与虚拟经济发展不平衡，高质量实体经济发展不充分；工业化速度与资源环境承载能力不平衡，绿色经济发展不充分。为

保障我国工业化进程向高质量方向发展，必须实现以下转变：实现从投资驱动向创新驱动的工业化动力转变；围绕实体经济供给质量提升推动高质量工业化进程；实现新型工业化与信息化、城市化和农业现代化的协同发展；以大力发展绿色制造业为先导推进可持续工业化；通过区域协调发展战略促进工业化进程的包容性。

2. 推动中国制造的品质革命

经济社会高质量发展阶段对中国制造的品质提出了更高要求。因此只有推进中国制造的品质革命，才能实现中国制造从大到强的转变，从而保障中国经济高质量发展。

虽然中国已经发展成为制造业产出第一的世界制造大国，但是总体上制造品质与其制造大国地位并不相配，这成为制造业"大而不强"问题的集中体现。中国制造产品大部分功能性常规参数能够基本满足要求，但在功能档次、可靠性、质量稳定性和使用效率等方面不尽如人意。例如，欧美发达国家的产品平均合格率一般达到 4.5σ（合格率 99.999 32%），而我国的产品平均合格率总体为 2.5σ（合格率 98.76%）；中国产品的一次合格率较低，大型锻件一次合格率仅为 70%，而日本、法国均接近 100%；关键零部件可靠性不高，机械基础件内在品质不稳定，精度保持性和可靠性低。如图 1-1 所示，2017—2021 年国内产品质量国家监督抽查不合格率分别为 8.5%、10.3%、10.7%、10.0%、12.2%，总体上呈上升趋势。

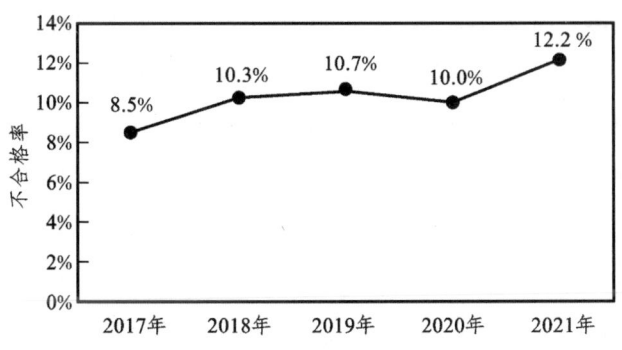

图 1-1 2017—2021 年国家监督抽查产品抽样不合格率

如图1-2所示，2019—2021年我国大、中、小型企业中，对产品质量不合格率贡献最大的是小型企业，但是对大型企业而言，这三年产品不合格率也呈现上升趋势。

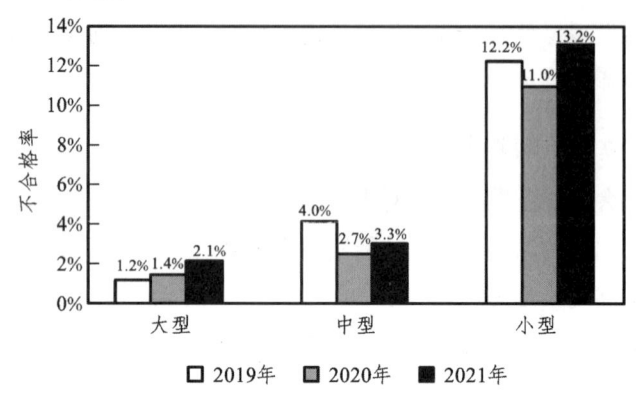

图1-2　2019—2021年大、中、小型企业产品国家监督抽查不合格率对比

由此看来，推动中国制造业的品质革命势在必行。而中国制造业的品质革命是一项复杂的、涉及社会经济各个方面的巨型系统工程，需要全社会的共同参与。具体需要在以下三个方面协同推进：一是协同推动企业技术创新、管理创新与制度创新；二是协同推进国家质量基础设施建设与企业质量品牌管理体系建设；三是协调推进质量法制完善和市场体系建设。

3. 树立创新生态系统观，不断提高制造业创新发展的能力

当今世界制造业的智能化、绿色化、服务化、融合化已经成为转型升级的基本趋势，而制造业高质量发展的核心就是要推进制造业的这种创新趋势，以提高全要素生产率。这一方面要求加快推进企业优胜劣汰，加快处置"僵尸企业"，制定退出实施办法，将资源集中在有效率的发展领域；另一方面要推动先进制造业和现代服务业深度融合，坚定不移地建设制造强国，促进新技术、新组织形式、新产业集群的形成和发展。而以上两方面实现的关键在于技术创新，只有在全社会建立起创新生态系统，培养合格的技术创新人才，才能不断提高制造业创新发展的能力。

第二节 我国高等教育对经济建设的杰出贡献

人才是兴国之本、富民之基、发展之源。当今时代，随着以经济为基础、科技为先导的综合国力竞争日趋激烈，人才资源已成为关系国家竞争力强弱的基础性、核心性、战略性资源。时代呼唤人才，发展需要人才。人才已成为各行各业发展的共同渴求，加强人才队伍建设，是将中国特色社会主义事业不断推向前进，实现社会主义各项建设目标的必要保障。

党的十八大以来，我国高等教育围绕培养什么人、怎样培养人、为谁培养人这一根本问题，进行了深入的探索和创新。高等教育事业中国特色更加鲜明，现代化加速推进，同时我国高等教育的国际影响力加快提升，14亿多中国人民的思想道德素质和科学文化素质全面提升。习近平总书记在全国教育大会中提出：要在坚定理想信念上下功夫，教育引导学生树立共产主义远大理想和中国特色社会主义共同理想，增强学生的中国特色社会主义道路自信、理论自信、制度自信、文化自信，立志肩负起民族复兴的时代重任。要在厚植爱国主义情怀上下功夫，让爱国主义精神在学生心中牢牢扎根，教育引导学生热爱和拥护中国共产党，立志听党话、跟党走，立志扎根人民、奉献国家。要在加强品德修养上下功夫，教育引导学生培育和践行社会主义核心价值观，踏踏实实修好品德，成为有大爱大德大情怀的人。要在增长知识见识上下功夫，教育引导学生珍惜学习时光，心无旁骛求知问学，增长见识，丰富学识，沿着求真理、悟道理、明事理的方向前进。要在培养奋斗精神上下功夫，教育引导学生树立高远志向，历练敢于担当、不懈奋斗的精神，具有勇于奋斗的精神状态、乐观向上的人生态度，做到刚健有为、自强不息。要在增强综合素质上下功夫，教育引导学生培养综合能力，培养创新思维。要树立健康第一的教育理念，开齐开足体育课，帮助学生在体育锻炼中享受乐趣、增强体质、健全人格、锤炼意志。要全面加强和改进学校美育，坚持以美育人、以文化人，提高学生审美和人文素养。要在学生中弘扬劳动精神，教育引导学生崇尚劳动、尊重劳动，懂得劳动最光荣、劳动最崇高、劳动最伟大、劳动最美丽的道理，长大后能够辛勤劳动、诚实劳动、创造性劳动。

改革开放以来，我国高等教育持续为社会输入高素质人才，每年高校毕业生数量一直呈上升趋势。2022年，中国在校大学生共4 650万人，其中在学研究生约365万人，比上年增长9.64%。本科及大专生4 290万人，近10年来，高校向社会输入超过1.2亿毕业生，充实到各行各业，为我国社会主义现代化建设做出了巨大贡献。

理工科毕业生是制造业科技创新的潜在资源，是《欧洲创新记分牌》等国际主流创新评价体系中的重要监测指标。我国高等教育中，理工科占比较为显著，近年来理工科毕业生人数也一直呈上升态势。2022年，我国理工农医类本科及以上毕业生人数达277.1万人，较2015年增加72.3万人，增幅达35.3%。这意味着我国高校每年向社会输入数百万理工科毕业生，其中相当一部分进入制造业领域，成为制造业科技创新源源不断的生力军。因为制造业高质量发展依靠创新驱动，也就是说一个国家的创新情况决定了其制造业发展的质量。目前，通常用创新指数来衡量一个国家的创新能力，其构成情况较为复杂，如表1-1为创新指数构成情况表，从中可以看到，在位于创新指数指标第一项的创新环境指数中，包括劳动力中大专以上学历人数指数和理工科毕业生占适龄人口比重指数这两项。由此可见我国通过扩大高等教育规模，提升高等教育质量，注重人才特别是理工科人才培养，成功地提高了我国的创新指数，从而保障了国家经济社会全面高质量发展所需要的创新驱动能力。

表 1-1 创新指数构成情况

创新环境指数	创新投入指数	创新产出指数	创新成效指数
1. 劳动力中大专及以上学历人数指数； 2. 人均 GDP 指数； 3. 理工科毕业生占适龄人口比重； 4. 科技拨款占财政拨款的比重指数； 5. 享受加计扣除免税企业所占比重指数	1. 每万人 R&D 人员全时当量指数； 2. R&D 经费占 GDP 比重指数； 3. 基础研究人员人均经费指数； 4. 企业 R&D 经费占主营业务收入比重指数； 5. 有研发机构的企业所占比重指数； 6. 开展产学研合作的企业所占比重指数	1. 每万人科技论文数指数； 2. 每万名 R&D 人员转了授权数的比重指数； 3. 发明专利授权数占专利授权数的比重指数； 4. 每百家企业商标拥有量指数； 5. 每万名科技活动人员技术成交额指数	1. 新产品销售收入占主营业务收入的比重指数； 2. 高新技术产品出口额占货物出口额的比重指数； 3. 单位 GDP 耗能指数； 4. 人均主营业务收入指数； 5. 科技进步贡献率指数

第三节 我国理工科人才培养面临的挑战

虽然我国理工科大学毕业生在数量上占据绝对优势，但在我国经济从追赶型快速发展转向高质量发展的过程中，制造业高质量发展对现代工程技术人员提出了更高要求。因此，我们必须清醒地认识到我国的理工科人才培养还面临许多艰巨的任务。

一、高校理工科专业优势的下滑趋势

中华人民共和国成立初期，在建设社会主义新中国、努力实现"四个现代化"的号召下，有志青年以奋战在生产一线为荣，高中毕业生填报高考志愿也会首选理工科专业，因为成为技术员、工程师不仅能实现自己为建设祖国添砖加瓦的理想，也会成为受全社会尊敬的人。改革开放后，随着我国经济建设步伐的加快，实体经济蓬勃发展，相关的服务业也不断壮大起来。与实体经济从业人员相比，服务业从业人员工作环境更好，外表更光鲜，体力劳动强度更低，与社会接触面更广，这些现象无疑对年轻人的价值观、择业观产生了深远的影响。

如图1-3、图1-4所示，自2008年以来，理工科本科生、研究生毕业人数在毕业生总数中的占比呈下降趋势，其中除了理工科学习难度大、培养成本高等原因外，最主要的原因是国家经济发展水平的提高推动了人民生活水平的提升和生活观念的转变，并由此带动了人们职业价值观的改变。职业价值观是人们在多样化的职业类型中进行选择之时，个人价值观在其中的体现，它是个人以自身的需要为参考，在择业、就业过程中具有相对稳定性、概括性的信念系统，能够对个人的工作积极性等方面产生影响。我国的绝大部分家庭已经能够实现衣食住行等物质主义方面的基本需求。诚如马斯洛需求层次理论所言，当人们实现低端层次的需要之后，会更加倾向于追求更高层次的需求的满足，即自我实现的需求。职业价值观中的"后物质主义"倾向则是自我实现需求的真实写照。与"70后"和"80后"相比，"90后"和"00后"在就业时更加倾向于"满足个人兴趣""有升迁机会""拓宽个人的社会关系"等具有"后物质主义"倾向的职业价值观，而对"工作有长期保障"等"物质主义"职业价值观所表现出来的兴趣有所下降。已有研究指出，事业单位和教育机构是本科生在进行就业时最为集中的两个选择，研究生则更加倾向于教育和公共管理、社会保障和社会组织这两个行业。趋利避害可谓人之本性使然，折射到就业观念中亦是如此。此外，家长在自家孩子的就业中所体现的"后物质主义"倾向亦是愈发明显。在此种家长效应的影响下，大学生职业价值观中的后物质主义趋势愈演愈烈。毕业生的就业观念中对理工科类工作的畏难情绪愈发彰显，致使学生在选择专业时愈发慎重，理工科专业的优势地位无法凸显。

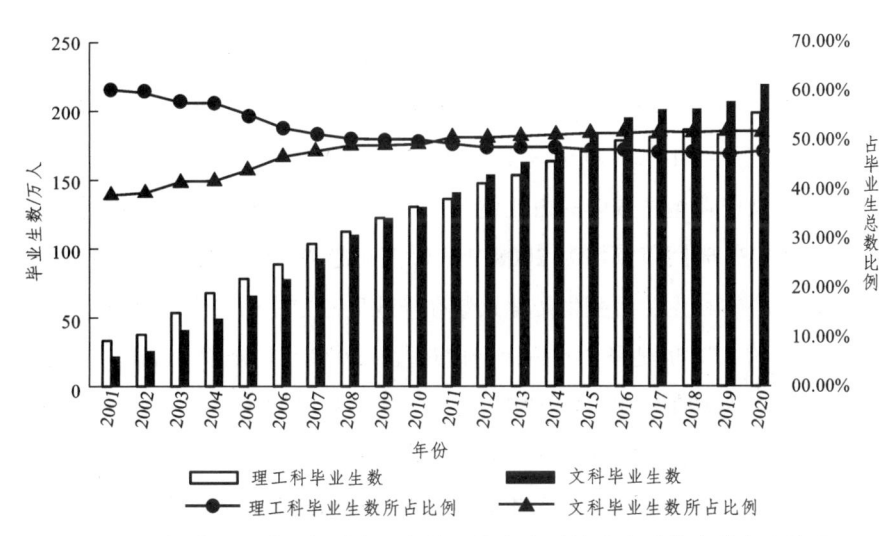

图 1-3 本科理工科和文科毕业生数及其在本科毕业生总数中的占比情况

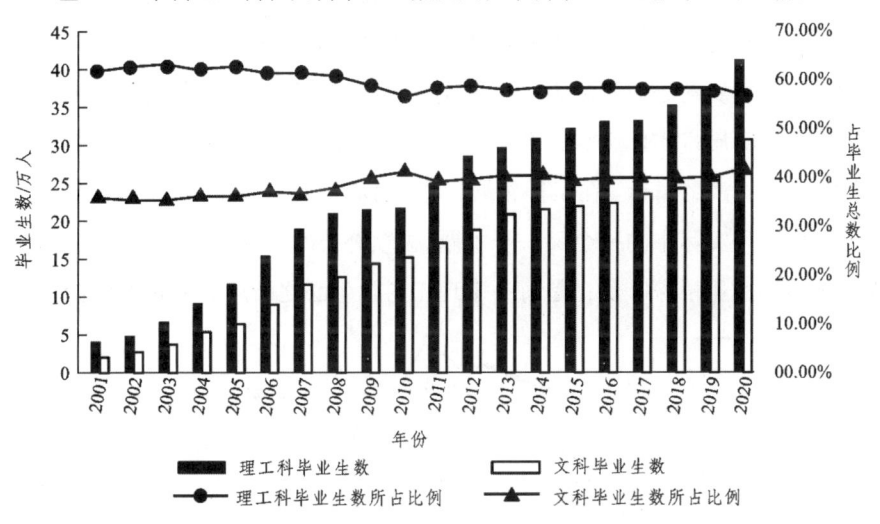

图 1-4 研究生理工科和文科毕业生数及其在研究生毕业生总数中的占比情况

二、理工科人才培养对全要素生产率的影响

改革开放以来，中国经济高速增长的过程也是由创新驱动的全要素生产率（TFP）不断增长的过程。然而自 2008 年以来，中国制造业的累积

TFP 指数开始呈现下降趋势（见图 1-5），从而影响中国整体 TFP 下滑。2004—2008 年，中国 TFP 年均增长率为 0.58%，2009—2013 年，中国 TFP 增长率平均值为 -2.17%。对比图 2-1、图 2-2 所示的理工科本科生、研究生毕业人数在毕业生总数中的占比情况，不难发现中国 TFP 的变化情况与其高度相关：①时间节点均为 2008 年；②变化趋势一致，2000—2008 年，我国理工科本科生、研究生毕业人数在毕业生总数中的占比呈上升趋势，对应我国的 TFP 也是一个不断上升的过程；2008 年后随着理工科本科生、研究生毕业人数在毕业生总数中占比的下降，我国的 TFP 也开始下滑，这种下滑趋势标志着中国制造业的创新驱动发展的动力在减弱。由此可见，足够数量以及高质量理工科人才培养是提升我国全要素生产率的重要途径之一。目前，国家正在寻找制约中国制造业技术创新的关键体制机制约束，通过新一轮的改革，加大推进制造业技术创新的力度，进一步释放制造业创新驱动发展的潜力和活力。在这样一个特定的历史时期和大环境下，创新驱动，高质量实体经济，新型、可持续工业化道路给未来的工程技术人员提供了宽广的舞台。在工程领域，只要潜心学习，刻苦钻研，勇于创新，去解决工程实际中的一个又一个难题，去填补技术领域的一项又一项空白，让中国制造业根深叶茂，是每一个理工科学生心之所向，更是责任担当。

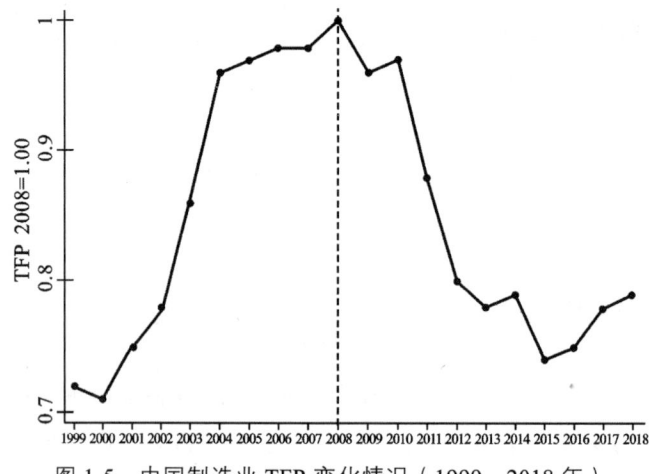

图 1-5 中国制造业 TFP 变化情况（1999—2018 年）

第四节　理工科专业学生参与制造业技术创新活动思考

一、我国高校理工科人才培养任重道远

在这样一个亟须增强我国经济发展内生动力，加快建设以实体经济为支撑的现代化产业体系的关键时期，我国高校理工科人才培养更加任重道远。我国是中国共产党领导的社会主义国家，这就决定了我们的教育必须把培养社会主义建设者和接班人作为根本任务，培养一代又一代拥护中国共产党领导和我国社会主义制度、立志为中国特色社会主义奋斗终生的有用人才。因此中国高校培养的理工科人才，一定要坚定为把我国建设成为制造强国而努力奋斗的理想信念，厚植爱国主义情怀，以国家强盛、民族振兴为己任；能意识到自己所肩负的"科技强国、制造强国"使命；同时务必有扎实的理论基础，在此基础上培养其创新精神，具备科技创新意识和能力。

我国的高等教育应当让当代大学生深刻意识到自己对国家强盛、民族振兴的使命担当。不仅要让当代大学生做一个有责任心的人，能承担起对自己的现在和未来、对家庭的责任，更要从中华五千年文明史中让大学生感受到大国的荣耀、中华民族的自豪。

理工科学生应当深刻意识到制造业是一个国家工业的主体和核心，是一个国家经济发展的引擎。现阶段中国经济的发展需要持续增强其内生动力，避免在经济发展不够充分的情况下过早地"去工业化"，从而使制造业所带来的技术渗透效应、产业关联效应和外汇储备效应都没有得到充分体现。如果制造业被低技能、低生产率、低贸易度类型的服务业所代替，而这些服务业无法作为经济增长的新引擎来替代制造业的作用，就会使国家

无法通过高速增长实现经济赶超，陷入"中等收入陷阱"。我们必须吸收日本、韩国等国家跨越"中等收入陷阱"的成功经验，在进入中等收入阶段后要更为重视科技创新，更加重视制造强国建设，这样中国才能迈进高收入国家行列，才能实现中国式现代化建设的宏伟目标。

在制造业创新生态系统中，各层次工程技术人员的素质和能力是制造业基础工艺创新的决定性要素。世界工业创新强国都十分重视从领军人才到一线技术工人各个层次的工程技术人员的培养。对于中国而言，推进供给侧结构性改革时要重点深化教育体制改革，改变单纯重视精英型人才培养的教育模式，重视工科型人才的实践技能培养，避免"工科院校理科化"。要把握住同时关注工程师、高技能工人和一般产业工人通用技能提升的政策导向，重点是构建由企业、大学、职业技术学校和改革服务机构共同组成的终身学习体系，从而动态地保持创新生态系统的基础创新能力。

因此，中国制造业需要的是整体的创新生态系统，而绝非仅限于一小部分尖端科技人才的攻坚克难。中国的高等教育需要培养出能在科技前沿开疆辟土的精英型人才，让中国制造在核心科技领域缩小与发达国家之间的差距，同时也需要培养出大量在生产一线具有创新精神、具备创新能力的工程技术人员。这一庞大的群体通过自身的创新活动，不断在生产实践中设计出更优质的产品，更有效发挥设备的生产能力，优化生产工艺，通过技术革新提升产品质量及其稳定性，甚至推动绿色制造，从而整体提升中国制造的全要素生产率。只有如此大规模的、渗透制造业各领域的技术创新，才能真正最终推进制造业的高质量发展。这就对我国高等院校的理工科专业学生培养提出了更高要求，如何培养出学生的创新思想，维持学生的创新意识，激发学生的创新动能，指导学生的创新行为确实是摆在"新工科"建设中的一道难题。

我国的二类本科院校理工科专业每年向社会输送大量工程技术人员，其中有很大一部分进入制造企业生产一线，可以说他们是承担中国制造高质量发展的中坚力量。要承担如此重任，必须在大学期间培养以下能力。

（1）具有自我学习的意识以及自我学习的能力，能深刻领悟制造业高质量发展思想，能实时了解中国制造业现状和未来发展方向，能快速学习行业内的新思路、新方法、新技术。

（2）有敏锐的观察力和严谨的判断力，能在生产实践中发现并认定严重影响劳动生产率的问题。

（3）在现有条件下，具备用最优方案解决问题的能力。

"新工科"教育应当有效地利用课程设计、生产实习、社会实践、毕业设计、创新活动、教师及学生科研等环节为学生提供发现问题并解决问题的机会；让学生在校期间能在老师的指导下深入生产一线，同时在生产实践中去发现问题，判断其对劳动生产率的影响，对切实需要改进的问题提出可行的解决方案，进一步优化方案，最终实施技术改进并对改进效果进行跟踪、检测和评价。这种全过程的创新实践活动对创新型工程技术人才的培养是必不可少的。

二、理工科专业学生技术创新能力培养

在中国式现代化建设对制造业提出高质量发展的历史时期，高校培养的理工科人才除了具备"认真专注、精益求精"的工匠精神和扎实的理论知识基础外，还必须具备技术创新能力。技术创新是制造业高质量发展的真正动力所在，如果未来的工程技术人员都具备了足够的技术创新能力，汇聚成整体的创新动能才能驱动我国制造业高质量发展。因此，理工科专业在学生创新能力培养方面必须加大力度。

理工科专业学生技术创新能力培养应把握住以下教学环节：

（1）理论课程教学过程中应尽可能涉及与课程内容相关的科技前沿知识以及技术创新方向。要做到这一点首先对授课教师提出了更高要求，老师对专业发展方向及前沿科技的掌握和理解是透彻的，才能引导学生越来越深、越来越清晰地去认识自己的专业。

（2）在确定课程设计的选题时应该有对技术创新能力培养的考量。在理工科专业教学过程中，很多课程设计的题目多年不变，其目标往往只针对一门专业课程的学习。如果我们布置的题目来源于生产一线，能让同学们弄清楚原有设计在实践中存在的问题并针对性地去解决问题，留给同学们调查、思考和分析的空间就会大很多，这样的实践才能真正对技术创新能力提高起到作用。

（3）将理工科毕业生的毕业设计指导成为完整创新活动过程。毕业设计是理工科学生在校期间最后一次也是最完整的一次独立进行设计、创新的活动。许多专业老师布置的毕业设计题目都来源于自己的科研项目（部分）。在指导毕业设计的过程中，老师不应该只着眼于设计的完成，还应当去激发同学们的创新动能，这样才能收到出其不意的效果，从而完善导师的科研成果。

（4）注重所有在生产一线的实践教学。生产实践的过程是培养创新意识的最优环境。同学们在参与生产实践的过程中首先能观察到工程技术人员如何去发现影响生产率的问题，并且在现有的条件下如何去解决问题，从而提高生产效率。发现生产一线的技术问题是创新意识非常重要的组成部分，如果始终视现有的生产状况和环境为客观存在，就不可能产生创新的想法，更没有后续的创新活动。

（5）鼓励并指导学生参加与专业相关的创新比赛。参与这类比赛的过程是同学们积极投身于创新活动的过程，同时通过比赛能开阔学生的眼界，从其他选手的参赛项目中得到更多的启发。如果在比赛中获奖，则更能坚定同学们的自信，在技术创新的道路上走得更坚定。

对于我国制造企业而言，不可能随着科技的进步实时对厂房、设备进行更新换代，因此其生产条件在一定的时间范围内变化不大，但并不意味着缺少创新的空间。工程技术人员和一线技术工人在充分发挥现有设备生产能力、降低能耗、改进生产工艺、提升产品质量、辅助工装设计、绿色制造等方面有效的实践创新活动，必将带来生产率的提高和可持续发展，从而助力中国制造高质量发展。基于这样的认知，西昌学院机械与电气工程学院针对为生产一线培养合格的、有创新动力的工程技术人员的人才培养目标，强化课程实习、生产实习、毕业设计、创新活动、社会实践等实践环节的数量和质量，特别是注重指导学生在实践过程中发现问题、分析问题、解决问题的能力，从而培养其创新意识和创新能力。

近年来，随着高校"新工科"人才培养模式探索活动的不断开展，校企合作的广度和深度持续推进。制造企业与高校合作的优势体现在：

（1）确保高校的研究能力精确投放在企业亟须解决的技术难题上，切实帮助企业攻坚克难，提升劳动生产率，而不是闭门造车，为研究而研究。

（2）显著提升制造企业解决生产环节中存在问题的能力。高校科研团队的研究是科学严谨的，有扎实的理论基础，经过必要的试验研究和严格的论证，并且可优化解决方案，从而一步到位从根本上解决问题。这是很多企业的技术团队主要凭借经验来解决问题所无法比拟的。

后面章节是指导老师带领工科专业学生在制造企业生产实践中进行的创新活动探索，分别从提高制造企业"软"实力、解决落后山区农业技术问题、生产线工装改进、食品加工工艺改进及绿色生产等方面进行技术创新活动，并分别从技术及人才培养方面分析创新成果。

第二章　生产设备可视化技术资料制作研究

第一节　问题背景调查和分析

我国西南山区凭借得天独厚的自然环境和气候条件，烟叶产量大、品质高。改革开放以来，位于该地区的 X 烟厂生产规模不断扩大，如今年生产量达到 30 万箱，成为贫困山区不可或缺的重要经济支撑。建厂四十多年来，生产设备进行了几次升级，如今设备的总体情况接近国内先进水平。然而与东部发达地区烟厂（如上海烟厂）相比，设备的实际生产能力相差甚远，即设备的实际生产能力和设计生产能力之间还有较大的空间，如果加以开发，释放出潜在的生产能力，企业总体劳动生产率能得到显著提升。

指导老师带领学生在 X 烟厂进行生产实习的过程中了解到，该企业设备的平均正常工作时间低于 90%，对先进的卷烟生产设备而言，生产率损失是巨大的。其中一个很重要的原因就是平时对设备的维护保养不到位，同时一旦设备发生故障，维修团队不能在短时间内诊断出故障点并排除故障，延长了停机时间。针对车间维修人员对设备结构、性能、运行情况、维护保养要求掌握不够精准的问题，我们对企业设备、技术资料、维修团队的现状进行了深入调查和分析，发现的问题如下：

1. 设备结构复杂，自动化程度高

卷烟生产主要包括烟丝制作、卷烟卷接和卷烟包装三个环节。每一个环节工序多、原辅材料种类多、运动精度要求高、高速运动部位多、采用控制种类多且精度要求高。生产设备采用流水线设计，总体来讲，尺寸大、结构复杂、精度高、控制系统复杂。

2. 技术资料不精确，阅读难度高

生产技术人员对设备的了解、学习和掌握的重要途径是阅读相关的技术资料。X 烟厂车间技术人员手中的技术资料如图 2-1、图 2-2、表 2-1 所示。每一个机构的资料包括一张装配图和一张爆炸图以及一份零件表，其中装配图和爆炸图均为示意图而非严格意义上的机械工程图，即没有详细的机械零件图和机械装配图，机构的内部结构表达不清楚，很难通过读图来理清机构的结构和装配关系，故而给车间维修团队掌握设备结构带来了障碍。

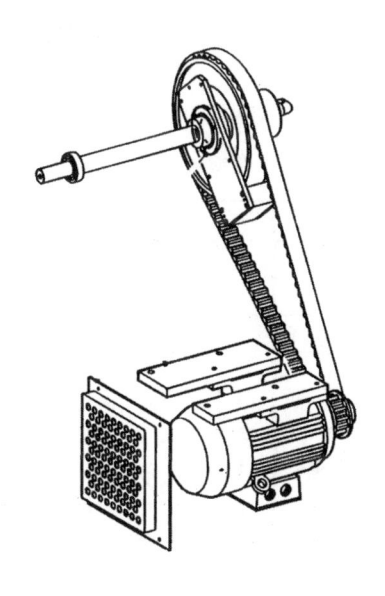

图 2-1 卷烟包装机机构装配示意图

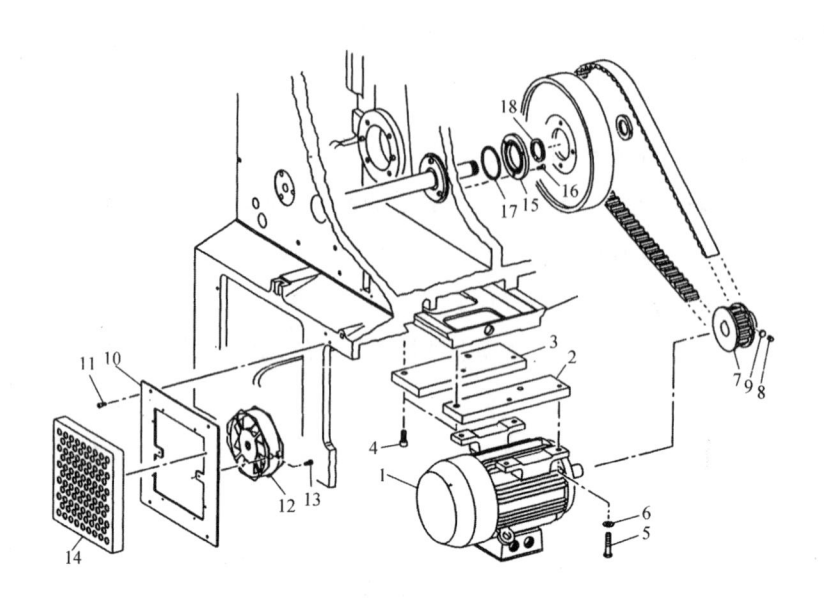

图 2-2 卷烟包装机机构爆炸示意图

表 2-1 卷烟包装机机构零件表

序号	名称	数量	序号	名称	数量	序号	名称	数量
1	电机	1	8	螺钉（M8×16）	2	15	法兰	1
2	电机板	1	9	垫块	2	16	螺钉（M6×16）	3
3	固定板	1	10	罩	1	17	O 形圈	1
4	螺钉（M12×35）	4	11	螺钉（M6×20）	4	18	密封圈	1
5	螺栓（M10×30）	4	12	风扇	1			
6	垫圈（10~200 HV）	4	13	螺钉（M4×14）	2			
7	带轮（组合件）	1	14	罩	1			

3. 维修团队总体学历偏低，学习能力不够

X 烟厂虽为国有企业，但因地处西部山区，经济、交通欠发达，城市建设也相对落后，因此对高层次人才以及高校理工科毕业生缺乏吸引力，技术人才储备不足。车间维修团队中年龄超过 45 岁员工比例超过 40%，拥有工科本科学历的人员比例不足 35%，使用传统的师傅带徒弟的较为单一的方式掌握维修技术。很显然，先进的、复杂的、自动化程度高的设备与无法快速掌握设备结构、性能、运行情况、维护保养要求的维修团队是不匹配的，技术团队掌握新知识、新技术的滞后性制约了企业的整体劳动生产率的高效发挥。

第二节　总体方案设计及论证

动手解决问题之前，需制定并论证总体解决方案，这样才能确保后续实施过程有条不紊，并且能达到预期，满足企业需求。这一过程也是培养理工科学生创新思维，实践其创新行动的重要环节。总体方案设计及论证的步骤如下：

一、进一步明确企业需要解决的问题

X 烟厂生产车间面临的问题：车间维修团队平时对设备维护、保养不到位，设备易发生故障；设备复杂、自动化程度很高，发生故障后，维修团队诊断、排除故障耗时较长，从而造成车间设备利用率降低，降低了企业的劳动生产率。

导致这一问题的原因：卷烟机械尺寸庞大、结构复杂、设计先进、自动化程度高，其技术不易掌握；X 烟厂维修团队专业能力有限；企业所拥有的技术资料不精确，阅读难度高。

解决问题的方向：总的来讲，企业所需要解决的问题就是让车间维修

团队在短时间内精确掌握设备的结构原理、正确规范的维护保养方法以及维修过程中的装拆流程，以弥补师傅带徒弟的单一学习模式和技术资料不精确、不直观的不足。

二、总体方案设计

在确保项目组同学明确企业需求后，同学们各自独立完成一份总体方案设计，以开发其创新思想。接下来论证每一份设计方案，主要从解决问题的程度、可行性、方案实施的难易程度以及改进成本等方面进行论证。重点是让同学们在参与论证的过程中认识到自己在方案设计过程中存在的思维局限、方法落后、知识欠缺、经验常识不足等问题，同时在其他同学的设计中拓宽自己的思维模式，学习好的设计方法并扩大知识面，最终讨论出一致认为最优的解决方案。最后用辅助设计软件对易发生故障的结构进行零件三维建模、装配过程建模及仿真，并在此基础上用视频制作软件制作出直观的技术培训资料（融合装拆操作流程、维护保养规范、注意事项等技术要求），即技术资料可视化，从而提升维修人员掌握设备的效率。

具体做法如下：

（1）与 X 烟厂各车间维修团队一起挑选出一批故障发生率高的重要机构。

（2）借助企业提供的示意图及卷烟机械实物，对每一个机构进行结构分析、工作原理分析和运动分析。

（3）对机构中的零件进行三维建模，对关键零件进行设计，以明确其尺寸参数。

（4）在辅助设计软件中进行机构装配，制作爆炸图，以表达清楚零件的装配关系及装配顺序。

（5）在辅助软件中实现机构的动态仿真。

（6）选择操作性强、直观性好的视频制作软件将爆炸图和机构动态仿真过程制作成教学视频，用文字的形式插入装拆操作流程、维护保养、注意事项等技术要求中。

对第一批尝试进行技术资料可视化制作的机构，同学们可以自行选择辅助设计软件及视频制作软件，经过最终效果对比后再确定其选用结果。

第三节　机构可视化技术资料制作过程

以卷烟包装机某一级齿轮传动机构及二级齿轮传动机构为例。

一、已知资料

该齿轮传动机构在包装机中的装配示意图如图 2-3 所示。其中一级齿轮传动机构的爆炸示意图缺失，零件表如表 2-2 所示。

卷烟包装机二级齿轮传动机构的爆炸示意图、零件表如图 2-4、表 2-3 所示。

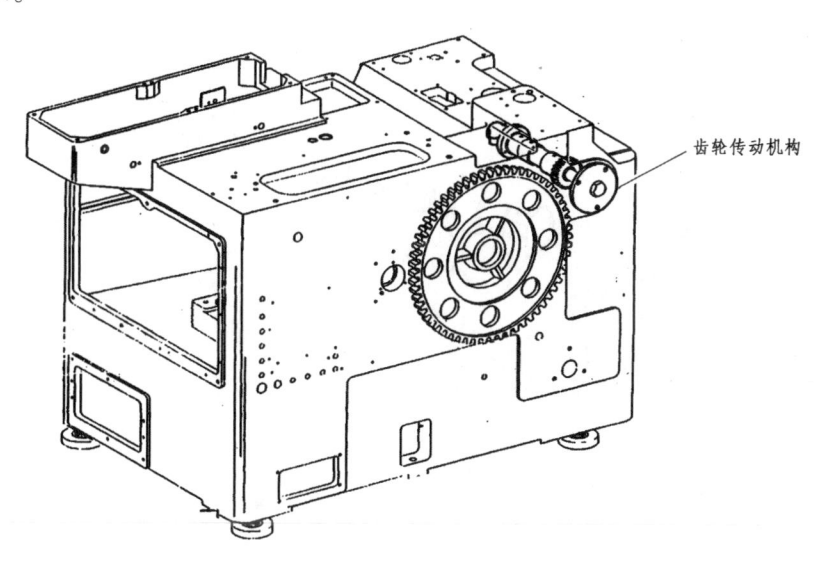

图 2-3　齿轮传动机构在卷烟包装机中的装配示意图

表 2-2　一级齿轮传动机构零件表

序号	名称	数量	序号	名称	数量	序号	名称	数量
1	齿轮	1	10	铰链联轴器	1	20	螺钉（M8×25）	2
2	滚动轴承（6005 25×47×12）	2	11	螺钉（M8×14）	4	21	销（A6×60）	1
3	挡圈	3	12	销（A8×55）	3	22	螺钉（M8×10）	2
4	轴	1	13	轴	1	23	O形圈（20×2.65）	1
5	O形圈（69×5.3）	1	14	联轴器	1			
6	端盖	1	15	联轴器	1			
7	垫圈	1	16	螺钉	3			
8	螺母（M8）	1	17	垫圈	3			
9	螺钉（M8×20）	3	18	螺母（M6）	3			

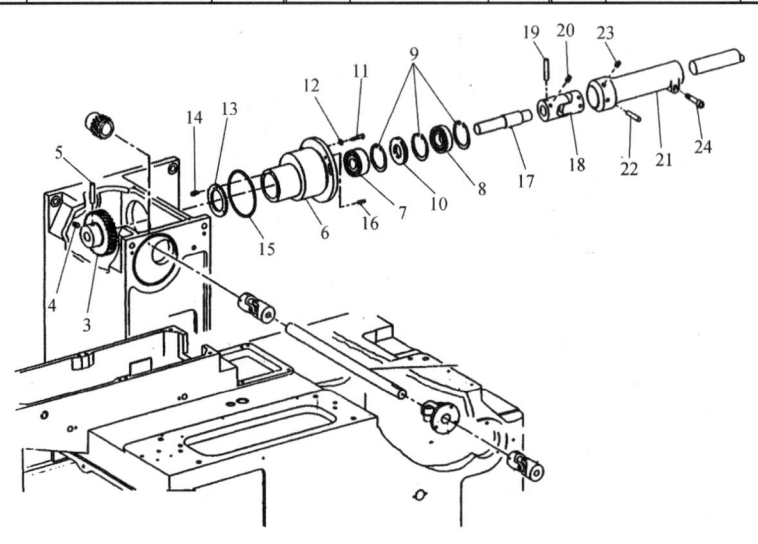

图 2-4　二级齿轮传动机构爆炸示意图

表2-3 二级齿轮传动机构零件表

序号	名称	数量	序号	名称	数量	序号	名称	数量
3	齿轮	1	12	垫圈	3	21	套筒	1
4	螺钉（M8×16）	2	13	垫圈	1	22	销（A8×80）	1
5	销	1	14	螺钉（M5×14）	1	23	螺钉（M10×12）	1
6	法兰套	1	15	O形圈（104.5×5.34）	1	24	螺钉（M8×40）	1
7	滚动轴承（25×62×25.4）	1	16	槽销（6×20）	1			
8	滚动轴承（30×62×16）	1	17	轴	1			
9	挡圈	3	18	铰链联轴器				
10	油封（30×62×10）	1	19	销（A8×55）	1			
11	螺栓（M8×30）	3	20	螺钉（M8×12）	2			

二、机构工作原理分析

如图2-5所示（采用装配三维模型），该机构的工作原理分析如下：

一级齿轮传动机构中的大齿轮为主动轮，它将运动传递给齿轮1，所以齿轮1为从动轮。齿轮1运动后将运动传递给联轴器10，联轴器10通过轴13进而与联轴器14和联轴器15相连接，所以联轴器10会将扭矩传递给联轴器14和联轴器15。而齿轮1中装配有轴承2，轴承的外圈和滚珠随齿轮转动，内圈与轴4连接，轴4为固定轴且与端盖6连接后用螺钉固定在外壳上。随后联轴器15将运动传递给二级齿轮传动机构（该机构在所给资料中并未呈现）的轴，轴与一个铰链联轴器相连后将扭矩传递给该机构中的斜齿轮，该齿轮又与一级齿轮传动机构中的斜齿轮 3 啮合。法兰套 6 通过螺钉 11 和垫圈 12 固定在外壳上，其中安装有轴承 7、挡圈 9、油封 10 和轴 17，轴 17（配合有轴承 8 和垫圈 9）连接齿轮 3 和万向联轴器 18，联轴器 18 又通过销 22 套于套筒 21 内，所以整个机构的运动最终会传递到套筒 21。装配结果如图 2-5 所示。

这两个机构在整个机器中有着传递运动的作用，在运动传递到套筒 21 后，机构的运动将会传递到玻璃纸包装机械部分，作为其动力源。

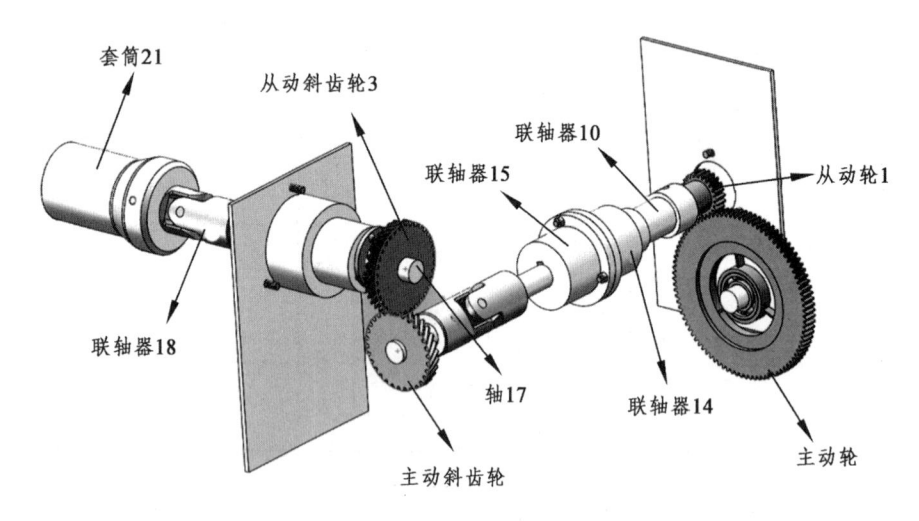

图 2-5 机构工作原理

三、三维建模及动态仿真软件选择

目前，机械工程领域内常用的三维建模软件主要有 Pro/E、SolidWorks、3ds Max、Maya、C4D、Creo、Rhino 等，每个软件擅长的方向和领域有所区别，在使用时，可以根据不同的方向选择合适的软件。下面对比几款常用的软件，从而选出最合适的软件进行三维建模绘制。

1. Maya

Maya 属于主流的三维建模和动画软件，拥有强大的渲染功能和极高的自由度，尤其擅长角色建模和角色动画，可以让使用者灵活地建立模型，常被用于影视动画方向。

2. Pro/E

Pro/Engineer 是一个参数化、基于特征的实体造型系统，具有单一的数据库功能。Pro/E 一经推出便受到了广泛的好评和认可，是现今主流的三维建模软件之一，在国内三维建模和动画领域占据着十分重要的位置。Pro/E 的优势在于建模，曲面设计灵活，修改便捷，包括仿真、分析、模具、钣金、钢构、布线、管道、加工、PLM（产品生命周期管理）系统配合，基本上覆盖了全业务流程，可以满足对全业务的要求。

3. SolidWorks

SolidWorks 不仅提供了强大的功能，而且软件易学、易用，使设计工程师将主要精力集中在设计上，而不是学习软件上。同时，SolidWorks 还能实现自动绘平面图，自动标注尺寸，而且平面图和三维模型全关联，广泛应用于产品设计、机械设计、自动化设计、模具或加工领域。

4. C4D

C4D（Cinema 4D）是一款近年来在国内流行起来的三维设计软件，可用于影视后期设计、工业设计、广告设计和包装等行业。C4D 具有超高运算速度和强大的渲染插件，相比于其他 3D 软件，软件界面相对简单友好，更易操作，使得 C4D 得到了越来越多设计者的青睐。许多创意可以通过 C4D 来实现，而且直接快速地产生商业价值。

就三维建模和动态仿真而言，以上辅助设计软件均能很好地实现功能。基于在建模过程中对重要零件进行相关设计，生成机械零件图，以便这些零件损坏后能及时加工，因此本建模及动态仿真选用 SolidWorks 软件。

四、机构主要零件的三维建模

（一）一级齿轮传动机构主要零件的三维建模

1. 主动齿轮三维建模

本设计主要用于烟厂包装机维修工人的教学而并非实际生产中，所以对零件的尺寸精度要求并不高。对于未知的零件尺寸，可通过标准件或各零件之间的装配关系进行推理或自行设定合理的尺寸。又因教学的主要目的是使机构的结构和工作原理看起来更加清晰明了，所以主要对零件绘制进行详细分析。

（1）主要参数确定：主动轮为一级齿轮传动机构中的大齿轮，标准号为 OBB1110，在查询了大量资料后并未有结果，故其参数全部自行设定。压力角为标准压力角 20°，模数 $m=2$，齿顶圆直径 $D_a=184$ mm，分度圆直径 $D=180$ mm，齿根圆直径 $D_f=175$ mm，齿数 $z=D/m=180/2=90$。

（2）齿轮孔尺寸确定：由于主动轮的内孔与轴承配合，轴承的外径为 52 mm，所以孔的直径也为 52 mm，如图 2-6 所示。

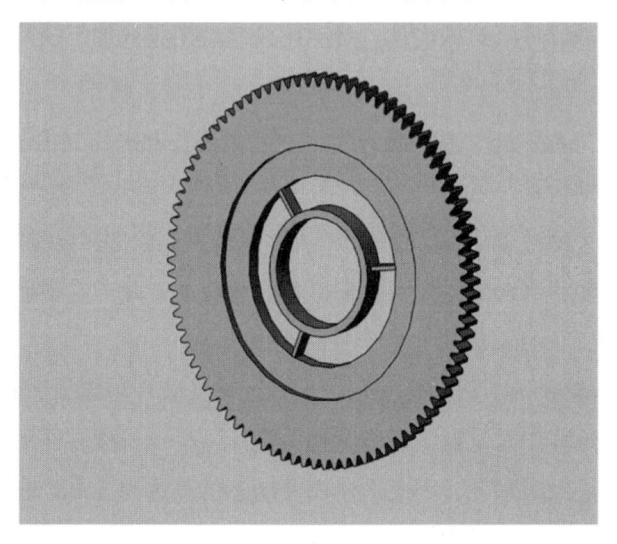

图 2-6 主动齿轮三维模型

2. 从动齿轮三维建模

（1）齿轮主要参数确定：齿轮 1 虽然是标准件，标准号为 OBB1109，但是在查询了大量资料后并未有结果，故该齿轮的参数全部自行设定。根据齿轮啮合的条件，两个齿轮啮合必须要有相同的模数和压力角。所以齿轮 1 的压力角取 20°，模数 $m=2$，然后根据主动轮与从动轮的大致比例关系，齿顶圆直径 D_a=50 mm，分度圆直径 D=46 mm，齿根圆直径 D_f=41 mm，面宽为 15 mm，齿数 $z=D/m=46/2=23$。

（2）齿轮孔尺寸确定：由于齿轮 1 中配合有轴承 2，轴承 2 的外径为 25 mm，所以孔的直径也为 25 mm，绘制结果如图 2-7 所示。

图 2-7　从动齿轮三维模型

3. 联轴器三维建模

（1）联轴器 10：联轴器中连接了圆锥销（圆锥销主要用于不同设备连接中的定位工作，常安装于需要频繁拆卸的部位。圆锥销具有 1∶50 的锥度，具有良好的自锁性，具有安装方便、方便拆卸的优点），其标准号为 GB/T 117—2000，尺寸为 A8×55，即圆锥销的长度为 55 mm，所以联轴器的直径应该为 55 mm，其他的尺寸根据大致的比例关系设定即可，绘制结果如图 2-8 所示。

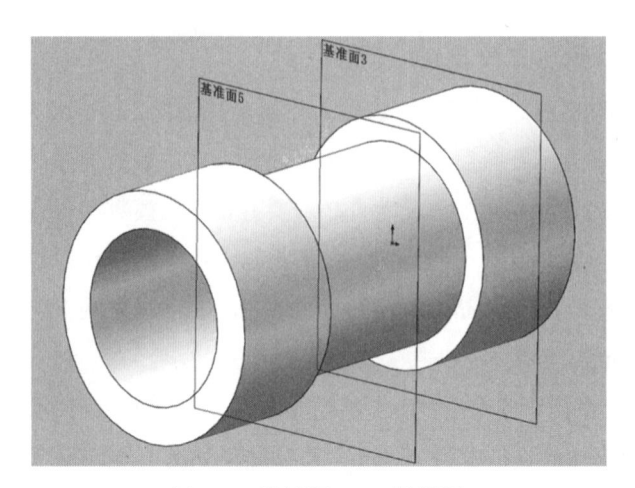

图 2-8　联轴器 10 三维模型

（2）联轴器 14：联轴器中连接了圆锥销，圆锥销的标准号为 GB/T 117—2000，尺寸为 A6×60，即圆锥销的长度为 60 mm，所以联轴器 14 的直径应为 60 mm，其余尺寸根据大致的比例关系自行设定即可，如图 2-9 所示。

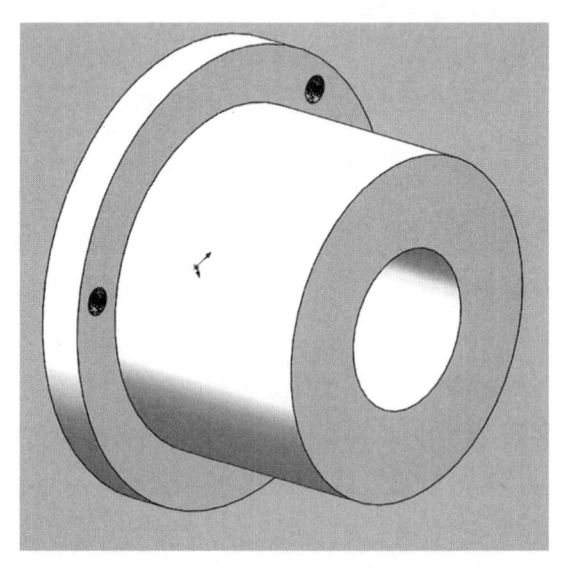

图 2-9　联轴器 14 三维模型

（3）联轴器 15：从图 2-5 中不难看出，联轴器 15 与联轴器 14 具有相同的尺寸，因此它的尺寸按联轴器 14 的设定即可。

（二）二级齿轮传动机构主要零件三维建模

1. 主动斜齿轮三维建模

主动轮为一级齿轮传动机构中的零件，该机构在所给资料中并未呈现，所以其参数全部自行设定。根据一级齿轮传动机构的相关参数，主动轮的主要参数确定为：压力角取 20°，螺旋角为 30°，右旋，模数为 $m=2.5$，齿数 $z=30$，分度圆 $D=84$ mm，面宽为 15 mm，如图 2-10 所示。

图 2-10　主动斜齿轮三维模型

2. 从动斜齿轮三维建模

主要参数确定：根据斜齿轮啮合的基本条件，两个斜齿轮啮合必须有相同的模数、压力角，螺旋角相同且方向相反。故二级齿轮转动机构中的斜齿轮 3 的压力角取 20°，螺旋角为 30°，左旋，模数为 $m=2.5$，齿数 $z=34$，分度圆 $D=98$ mm，面宽为 15 mm，如图 2-11 所示。

图 2-11　从动斜齿轮三维模型

3. 法兰套三维建模

从图 2-4 中可以看出，法兰套 6 的底座与外壳之间配合有 O 形圈 15，O 形圈的尺寸为 104.5×5.34，即 O 形圈的直径为 104.5 mm，而法兰套的底座大于 O 形圈，所以将底座的直径设定为 140 mm，又因法兰套的孔里配合有轴承 7，轴承的尺寸为 25×62×25.4，即外径为 62 mm，内径为 25 mm，厚度为 25.4 mm，所以法兰套的内径（孔的直径）应为 62 mm，其余尺寸按照大致的比例关系自行设定即可，如图 2-12 所示。

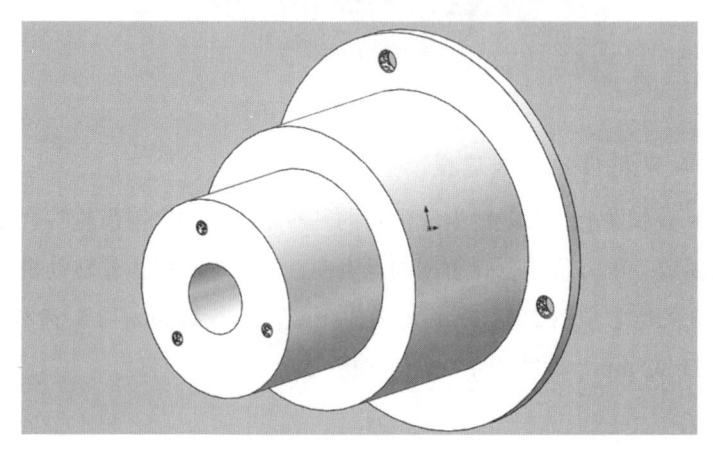

图 2-12　法兰套三维模型

4. 传动轴 17 的三维建模

传动轴 17 与轴承 7 配合，轴承 7 的尺寸为 $25 \times 62 \times 25.4$（内径为 25 mm），在其凸台处又配合了轴承 8，轴承 8 的尺寸为 $30 \times 62 \times 16$（内径为 30 mm），所以轴的直径为 25 mm，凸台处的直径为 30 mm，如图 2-13 所示。

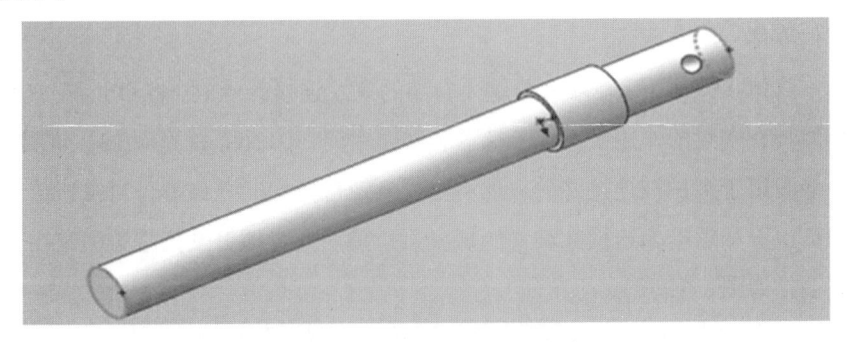

图 2-13　传动轴 17 三维模型

5. 套筒 21 的绘制

由于套筒会将联轴器套在内部，所以联轴器的直径（50 mm）即是套筒的内径，其他尺寸根据大致的比例关系自行设定。如图 2-14 所示，草图绘制完成后，使用旋转拉伸即可完成该零件的绘制。

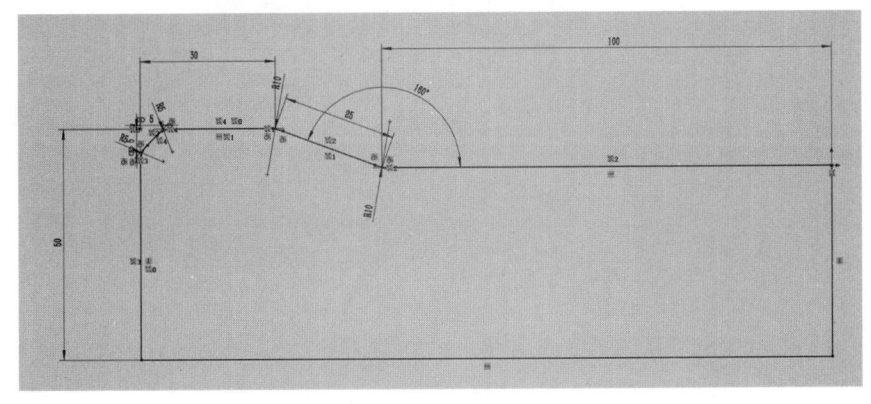

图 2-14　套筒 21 的草图绘制

五、在 SolidWorks 环境中进行机构装配

（一）一级齿轮传动机构装配

1. 定轴机构的装配

在零件的装配过程中，将右板固定，再把端盖用螺钉固定在右板上，其他零件一次装配。

具体步骤如下：在端盖与轴 4 右端的螺纹连接的同时，将 O 形圈 5（O 形圈具有密封的作用）安装于端盖和外壳之间，然后将 O 形圈 23、垫圈 7（垫圈用于维护被连接件的表面不会受到螺母擦损，分散螺母对被连接件的负担）和螺母 8 连接在轴 4 的螺纹上，最后通过螺钉 9 把端盖固定在外壳上，如图 2-15 所示。

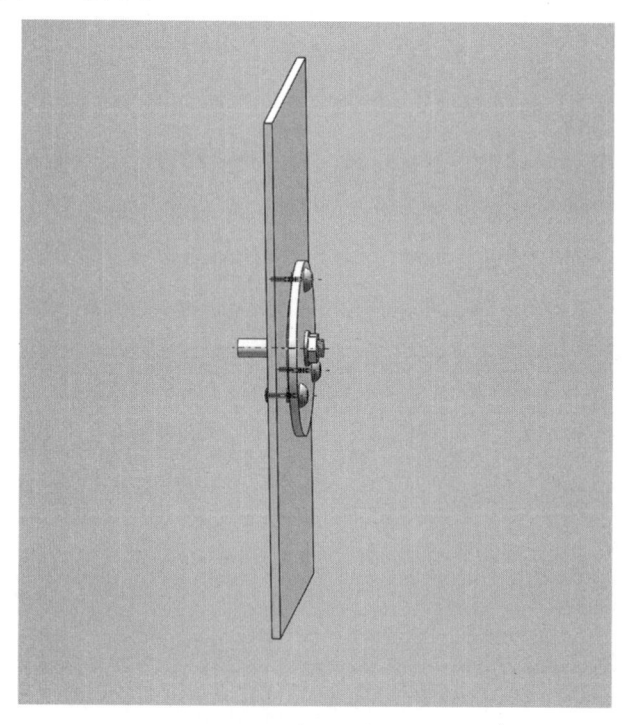

图 2-15　定轴机构装配

2. 联轴器与轴、齿轮的装配

为了方便配合，先将右端的联轴器与轴单独配合好，之后再与左端的轴配合，最终的装配结果如图 2-16 所示。

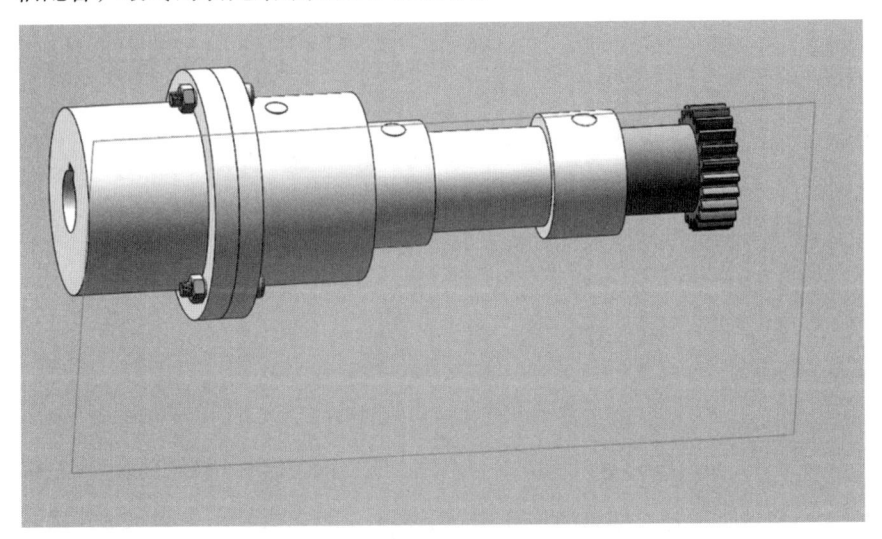

图 2-16　联轴器与轴、齿轮的装配

具体步骤如下：联轴器 14 与联轴器 15 通过螺钉 17 相连接，轴 13 和联轴器 14 连接后被圆锥销 21 固定，轴又与联轴器 10 配合通过圆锥销 12 固定，联轴器 10 与齿轮 1 连接。齿轮 1 中装配有轴承 2 和垫圈 3（卡住轴承，防止其轴向窜动）。因为齿轮需要和定轴连接，在齿轮中加入轴承可以让轴承的外圈和滚珠随齿轮转动，而其内圈与定轴连接。

3. 主动齿轮的定位与装配

（1）主动齿轮的定位：主动齿轮连接定轴，定轴又通过螺钉固定在外壳上，因此主动齿轮的定位即是轴的定位。

（2）主动齿轮的定位方法：正视于右板，找到齿轮 1 的圆心，轴的位置在距离圆心 46 mm/2+180 mm/2=113 mm 处（主动轮与从动轮的分度圆半径之和），如图 2-17 所示。

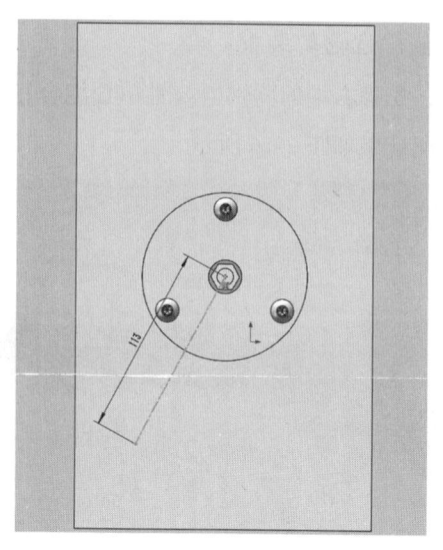

图 2-17 主动齿轮的定位

（3）主动齿轮的装配：定轴与垫圈、O 形圈配合后用螺钉固定在右板上，主动齿轮与轴承配合后再连接到定轴上。因为齿轮需要和定轴连接，在齿轮中加入轴承可让轴承的外圈和滚珠随齿轮转动，而其内圈与定轴连接，然后手动调整齿轮在轴上的位置，直至主动齿轮与从动齿轮之间无干涉后，把齿轮的位置固定，避免其在轴上左右移动，最后将两齿轮进行齿轮配合，传动比即是它们的齿数之比，如图 2-18、图 2-19 所示。

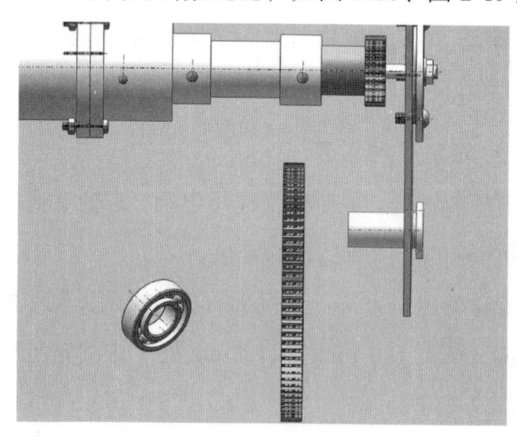

图 2-18 主动齿轮的配合

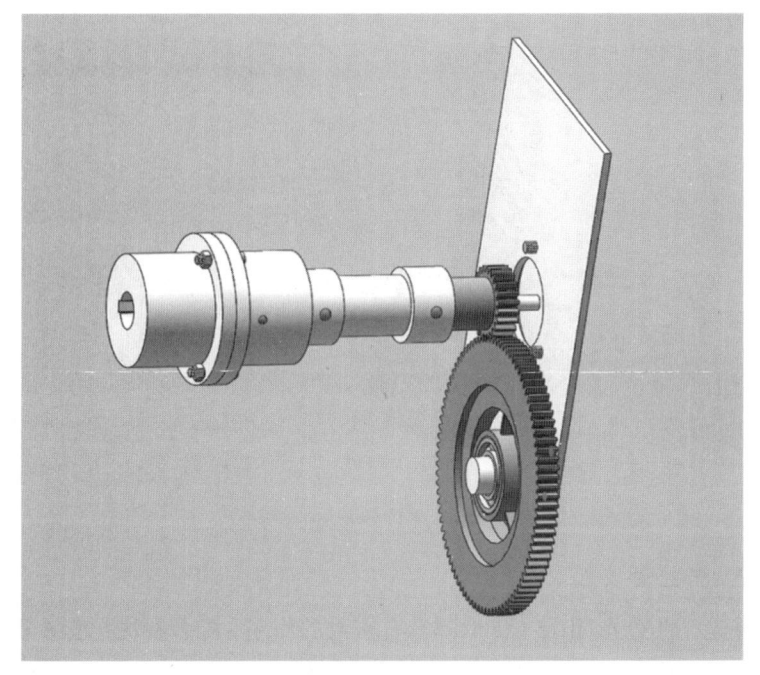

图 2-19　装配从动齿轮实现轮齿啮合

（二）二级齿轮传动机构装配

1. 斜齿轮安装

这是整个机构三维建模过程中的难点和重点，对机构的传动有着至关重要的作用。首先一级齿轮传动机构和二级齿轮传动机构的方向是垂直的，而这对斜齿轮的啮合，正好巧妙地改变了运动传递的方向。

确保齿轮啮合的方法：在右视基准面绘制一条构造线，然后把其中一个齿轮与此构造线同心轴配合，再于上视基准面上绘制一条构造线，将另一个齿轮与此构造线同心轴配合，手动调整齿轮在构造线上的位置，直至两齿轮之间无干涉后，把齿轮的位置固定，避免其在构造线上左右移动。这时需要注意这两条构造线的距离为两齿轮分度圆半径之和。最后在机械配合中选择齿轮配合，传动比即是它们的齿数之比，如图 2-20 所示。

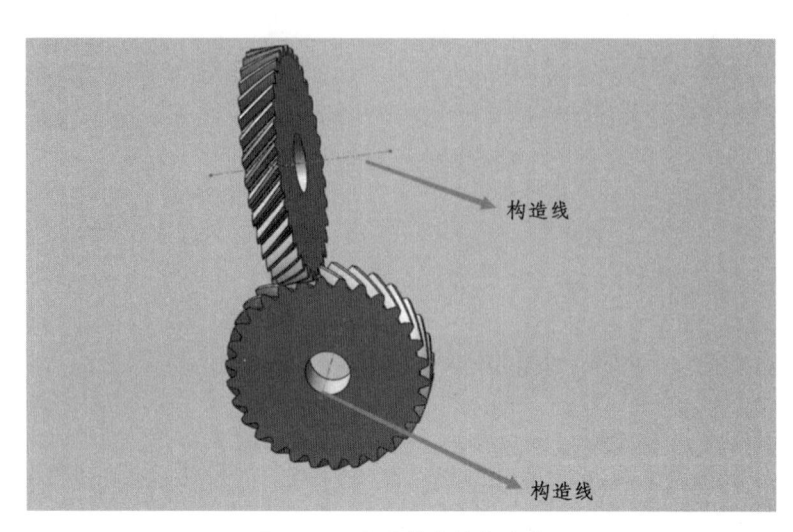

图 2-20　实现斜齿轮的啮合

2. 法兰套安装

首先，将 O 形圈 15（O 形圈具有密封的作用）配合在法兰套 6 和外壳之间，再用螺钉 11 和垫圈 12 把法兰套固定在外壳上，如图 2-21、图 2-22 所示。

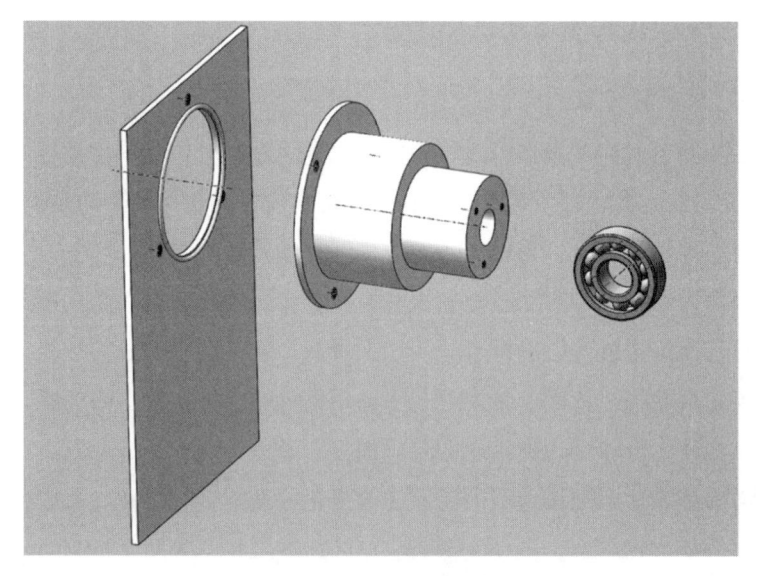

图 2-21　O 形圈的配合

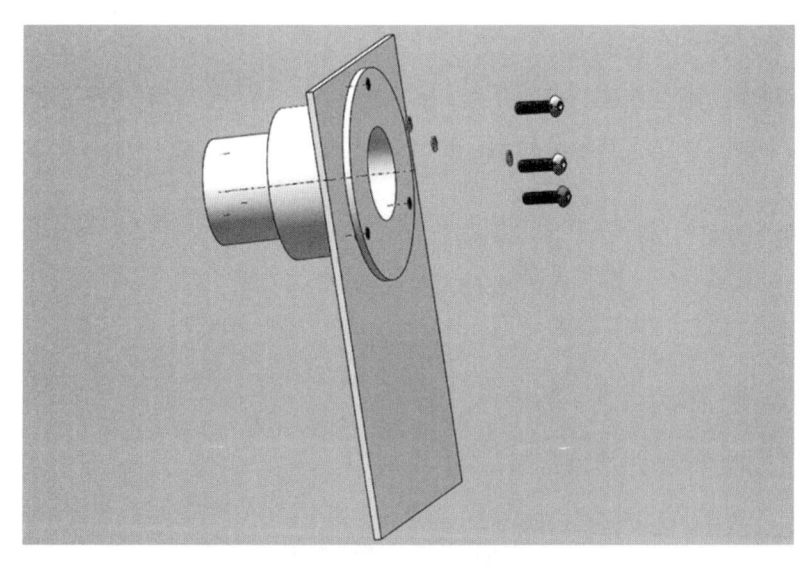

图 2-22　法兰套的安装

3. 轴 17 的安装

将轴 17 与法兰套孔同心轴配合，再输入一定的距离固定住（40 mm），防止其在法兰套内的轴向移动，便完成了轴的配合，如图 2-23 所示。

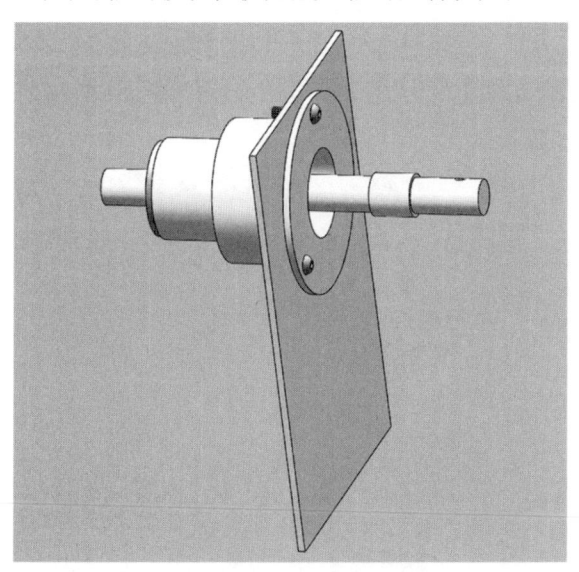

图 2-23　轴 17 的安装

4. 轴承的装配

轴承 7 配合在法兰套的孔里，一端被法兰套的凸台卡住，另一端被挡圈 9 卡住，以防止其轴向移动，如图 2-24 所示。

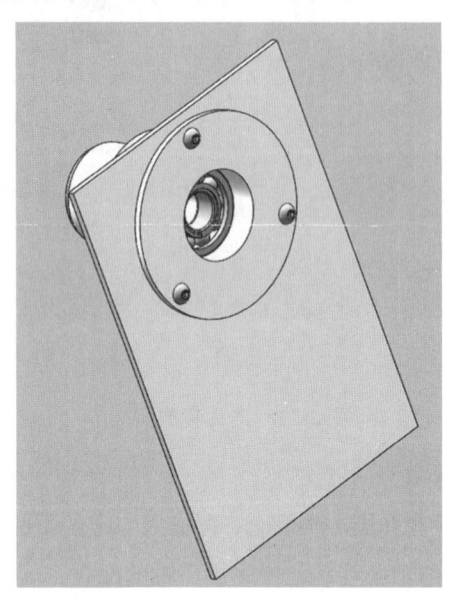

图 2-24　轴承的轴向定位

轴承 8 配合在轴 17 的凸台处，再用弹性挡圈卡住两端，防止其轴向窜动，如图 2-25 所示。

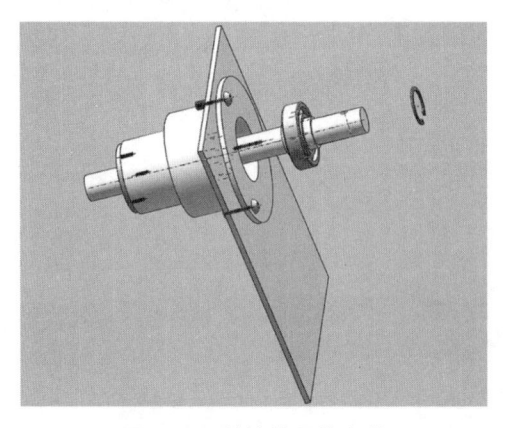

图 2-25　弹性挡圈的安装

5. 斜齿轮 3 安装

轴 17 在套入法兰套内之后，左端需要连接斜齿轮，再将斜齿轮 3 与轴 17 进行齿轮配合，传动比即为齿轮分度圆直径与轴的直径之比，这样可以保证轴随齿轮一起转动，如图 2-26 所示。

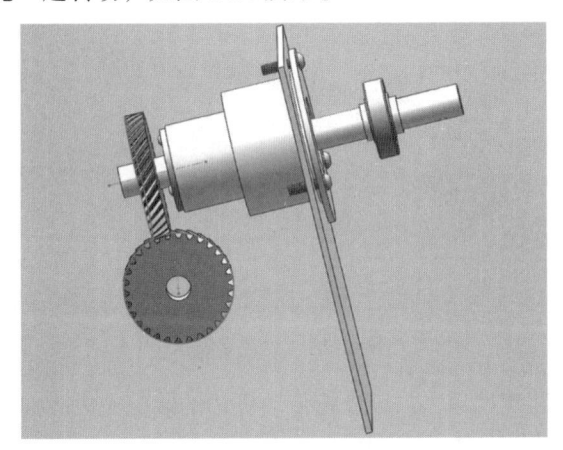

图 2-26　斜齿轮安装

6. 铰链联轴器安装

轴 17 在套入法兰套内后，右端需要装配铰链联轴器，然后使用圆锥销进行定位和固定，如图 2-27 所示。铰链联轴器（又称万向联轴器）的作用：可使存在轴线夹角的情况下实现所连接的联轴器的连接精度。

图 2-27　铰链联轴器安装

7. 套筒的装配

联轴器与套筒同心轴配合，然后通过圆锥销固定，可使套筒随联轴器一起转动，如图 2-28 所示。

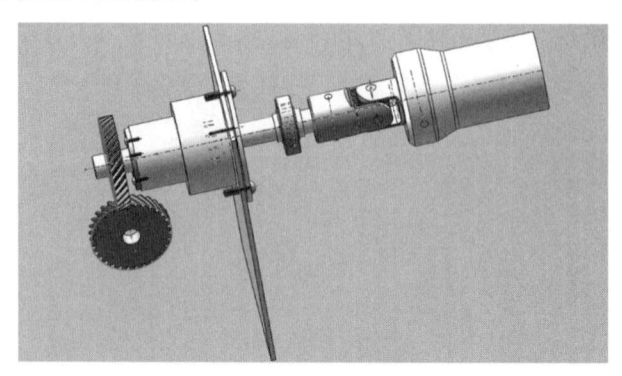

图 2-28 套筒装配

经过以上装配过程，二级齿轮传动机构的装配完成。

（三）一级齿轮传动机构与二级齿轮传动机构的连接

这两个机构的连接通过一级齿轮传动机构中的轴、万向联轴器和斜齿轮连接。装配过程需要注意两轴的相对位置精度，从而确保斜齿轮的位置精度和传动效率。联轴器的连接精度也是必须要保证的。建模过程中可通过软件相关的功能实现，如图 2-29、图 2-30 所示。

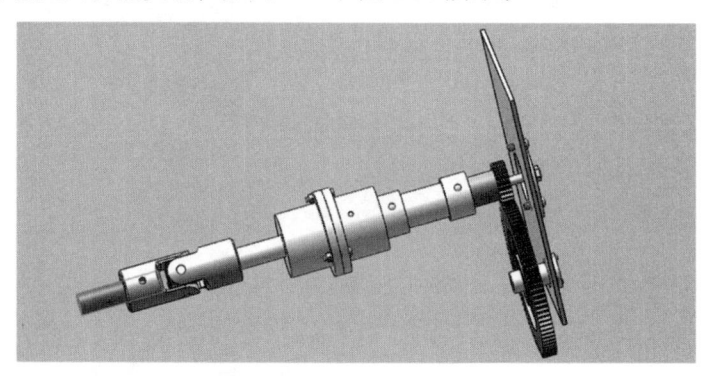

图 2-29 联轴器实现连接

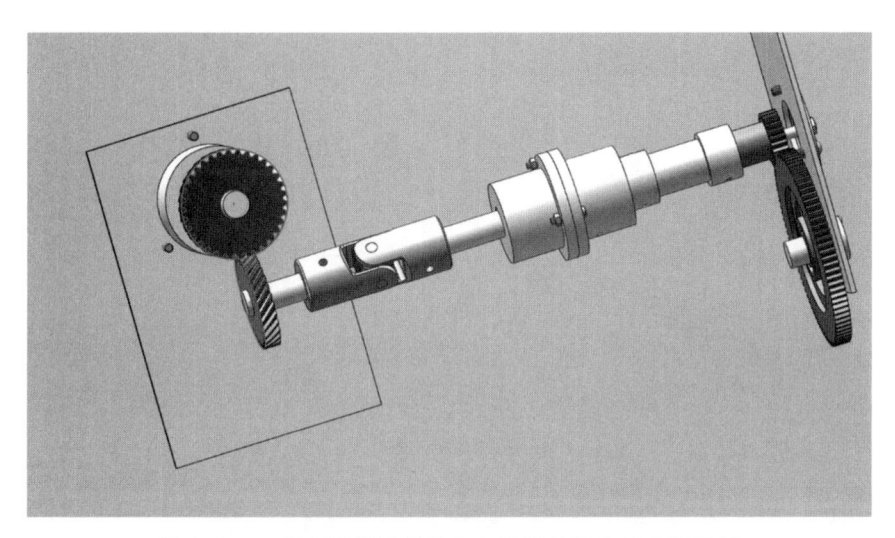

图 2-30　一级齿轮传动机构与二级齿轮传动机构的连接

六、机构爆炸视图的制作和动态仿真

(一)机构爆炸视图的制作

为了表达清楚机构内部的结构及装配顺序,在机构装配模型建成的基础上生成爆炸视图。爆炸视图能动态地展示机构中所有零件的拆卸和装配过程,拆卸过程即是动画的爆炸过程,而装配过程即是动画解除的过程。动画爆炸的过程可以帮助工程技术人员更加清晰直观地掌握机构的内部结构,并熟悉装配和拆卸的顺序,也可作为后续使用 3ds Max 进行可视化技术资料制作的基础。

1. 一级齿轮传动机构爆炸视图制作

(1)在整个爆炸过程中,右板(外壳)为固定机构,先拆卸右边的螺钉、螺母、垫圈、O 形圈,拆卸结果如图 2-31 所示。

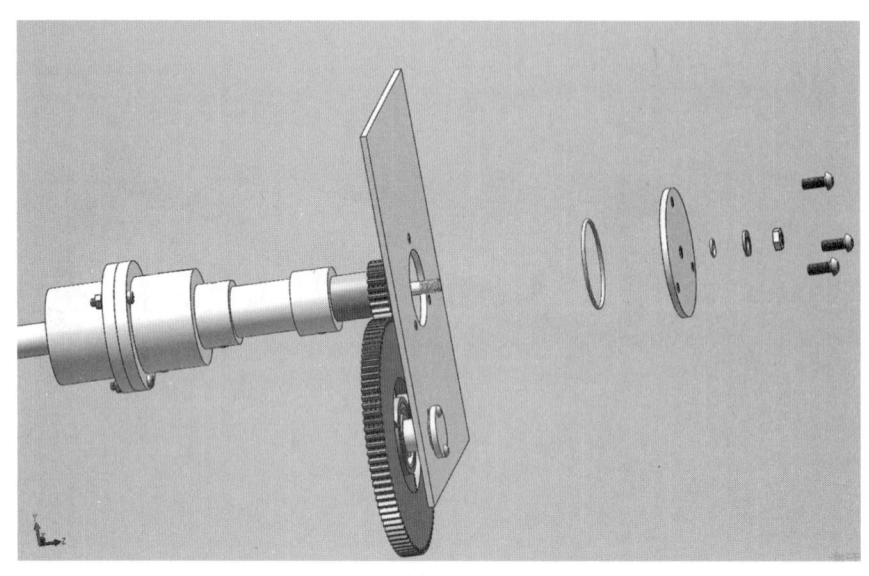

图 2-31　一级齿轮传动机构挡板右端结构拆卸

（2）对于挡板左端的主动齿轮部分，先拆除主动轮和轴承，然后拆除螺钉、轴、O 形圈和垫圈，拆卸结果如图 2-32 所示。

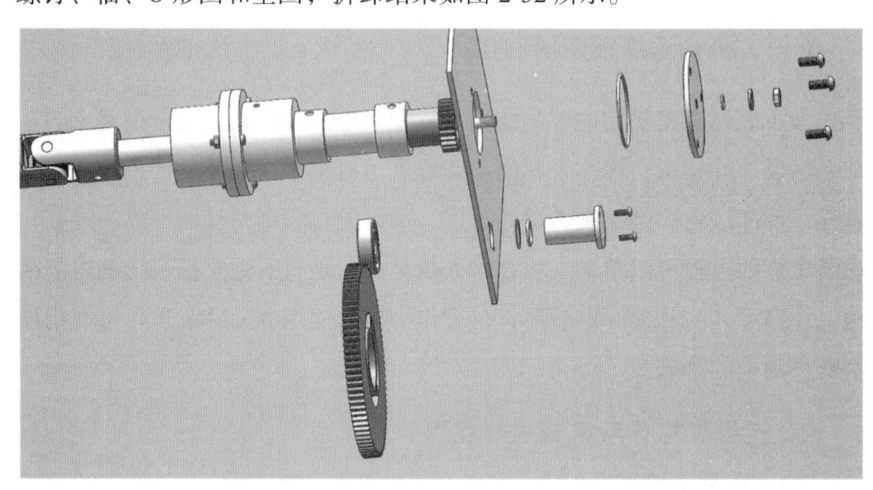

图 2-32　一级齿轮传动机构主动齿轮拆卸

（3）在上述零件完成爆炸后，剩余部分从左至右依次拆卸即可，此处不再详细说明，最终的拆卸结果如图 2-33 所示。

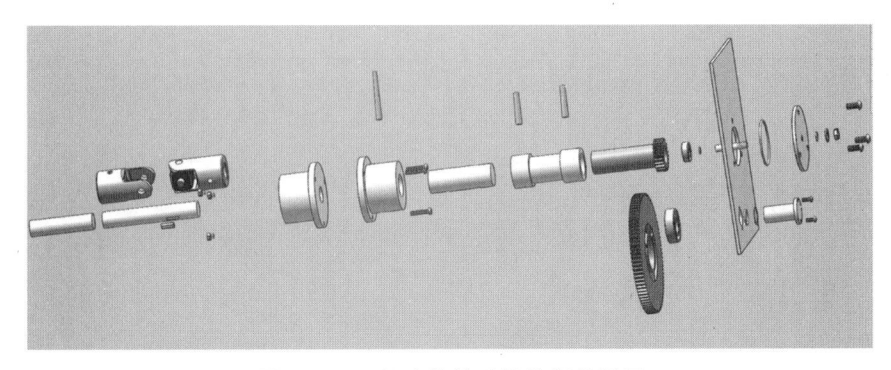

图 2-33　一级齿轮传动机构爆炸视图

2. 二级齿轮传动机构爆炸视图制作

（1）首先拆除左端的一对齿轮，沿着 x 轴移动主动轮，沿着 z 轴移动从动轮，如图 2-34 所示。

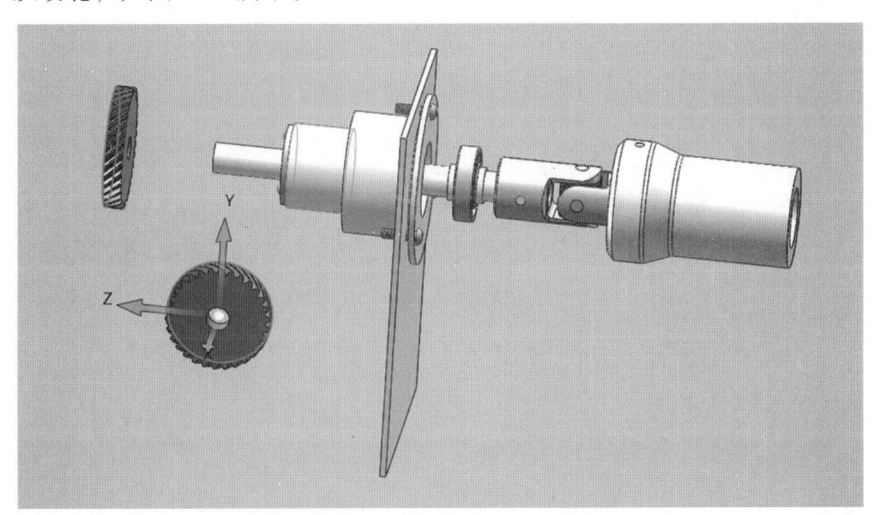

图 2-34　二级齿轮传动机构齿轮拆卸

（2）拆卸联轴器左端结构，先拆卸用于连接套筒和铰链联轴器的销，然后从右至左依次拆卸联轴器、挡圈和轴承，如图 2-35 所示。

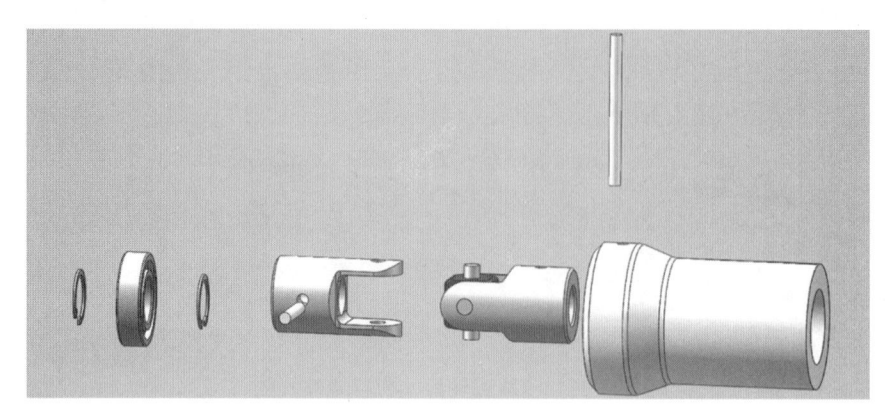

图 2-35　二级齿轮传动机构联轴器左端结构拆卸

（3）将轴拆除，接着拆除油封、挡圈和轴承，如图 2-36 所示。

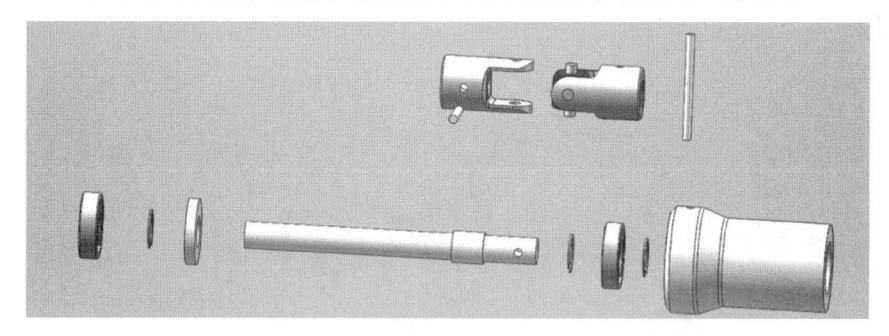

图 2-36　二级齿轮传动机构轴上结构的拆卸

（4）拆卸螺钉、垫圈、法兰套和 O 形圈，整个机构爆炸完成后的结果如图 2-37 所示。

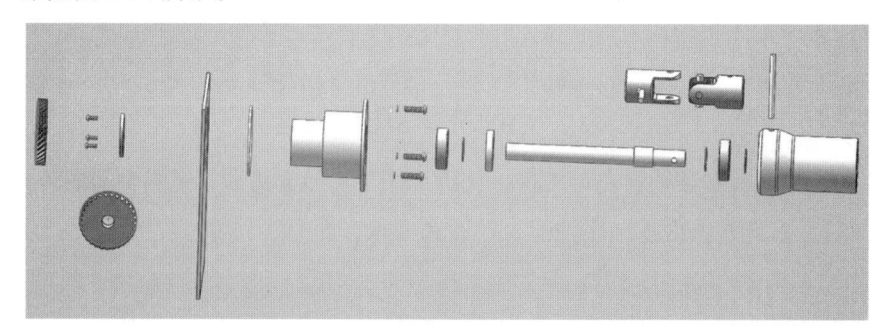

图 2-37　二级齿轮传动机构爆炸视图

（二）机构的动态仿真设计

SolidWorks 软件具有动态仿真功能，在可视化技术资料的制作结果中，除了表达机构的结构、装配关系、装配顺序外，期望能模拟机构的实际工作状态，因此需要在已经建立好的装配模型和爆炸视图的基础上对机构进行动态仿真。动态仿真的过程也是对前端工作的有效检验。

在 SolidWorks 环境中新建运动算例，动画的时间设置为 6 s，添加电机，电机的位置在主动轮处，转速默认为 100 r/min。完成以上设置后即可实现机构的动态仿真，仿真结果与实际运行结果相吻合，说明之前的三维装配模型及爆炸图制作正确。动态仿真的结果如图 2-38 所示，用于后续可视化技术资料的制作。

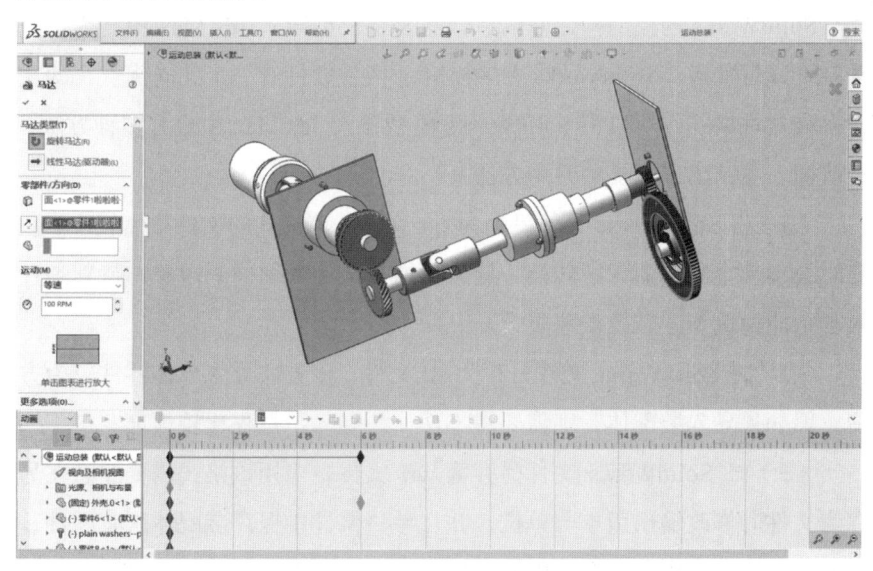

图 2-38 机构的动态仿真操作

七、可视化技术资料制作

使用 SolidWorks 软件进行机构三维建模、爆炸图制作虽然能清楚表达机构的内部结构和装配顺序，但在使用过程中的可操作性不够，同时用于技术人员培训时必要的文字说明（装配顺序、操作规范、维护保养要求、注意事项等）无法插入，因此需要用表达效果更好、使用过程中更易操作的方式制作可视化技术资料。

本机构采用了 3ds Max 软件来制作可视化技术资料。3ds Max 是 Autodesk（欧特克）公司在 20 世纪 90 年代推出的一款三维动画创作工具，软件兼容性强，应用领域广泛，并且可以兼容非常多的插件，具有出色的建模、动画制作和渲染能力，同时也能插入文本，完全满足可视化技术资料的使用要求。

（一）将 SolidWorks 模型导入 3ds Max

SolidWorks 的模型构建好以后，需要将模型导入 3ds Max 中，为仿真动画设计做准备。SolidWorks 和 3ds Max 两款软件有一个共同优点，即支持多种文件格式，所以将 SolidWorks 模型导入 3ds Max 中也有多种方法，经研究、总结出以下几种常用方法：

（1）将 SolidWorks 文件另存为.igs 文件，该格式的文件虽然较小，但有时会出现个别侧面无法转换，导入后增加或丢失图像的现象，特别是针对复杂曲面造型，转换误差更大。

（2）将 SolidWorks 文件另存为.stl 文件，该方法导入单体零件较为方便，但如果导入装配体，则需要将零件一一导入，过程比较烦琐。

（3）将 SolidWorks 文件另存为.wrl 文件，应用该格式需要注意在另存为文件时修改输出版本与单位，并在单一文件中保存装配体所有零件，从而可将装配体中的多个零件同时导入 3ds Max 中，非常方便快捷。

（4）使用插件 Powe NURBS R2.71，3ds Max 安装该插件后即可直接导入 SolidWorks 文件，但有时会出现零件破面的情况（此时需要将破面的零件单一导入），导入的时间通常较长。

（5）将 SolidWorks 文件另存为.sat 文件，这种方法导入装配体时比较方便，文件导入 3ds Max 后各零件会随机生成颜色，不会出现破面或个别零件消失的情况，且可对装配体的各个零件进行移动、旋转、缩放等操作。

在使用 3ds Max 制作动画时，需要将整个装配体导入其中，然后对零件进行移动或缩放等操作，根据上文内容所述，方法（5）可以达到这些要求，所以选择方法（5）导入 SolidWorks 文件。

（二）对机构三维模型进行动画设计

采用上述方法（5）将装配体导入 3ds Max 时，需要注意的是要勾选"将 SAT Y 轴转换为 Z 轴"选项，以保证零件之间的装配体位置保持不变，与在 SolidWorks 中确定的位置相同。

1. 零件的拆卸动画制作

在使用 3ds Max 制作动画时，可以选择自动关键帧或设置关键帧，它们各有优缺点。开启自动关键帧后，所有操作都会被自动记录下来，优点在于方便快捷，缺点在于在不需要记录或者误操作的时候也记录，会产生废帧。若产生的废帧太多，会拖慢速度，干扰别的动画帧。而设置关键帧只在需要的位置加帧，打开设置关键帧后，移动物体并不会自动生成关键帧，需要手动点击按钮来设置物体关键帧。虽然这种方法比较费时，但是它提供了更多的操作可控性。

在进行实际操作时，发现使用自动关键帧会使零件的爆炸过程非常凌乱，且不能实现零件逐一拆卸的效果，而使用设置关键帧则可以很好地达到效果。故采用设置关键帧制作动画，具体步骤如下：

（1）打开时间配置器，帧速率选择自定义，FPS 设置为 10（1 s 播放 10 帧），动画长度设置为 1 000 帧。

（2）点击设置关键帧按钮，框选中所有零件后，打上一个关键帧，用以确定所有零件的初始位置，如图 2-39 所示。

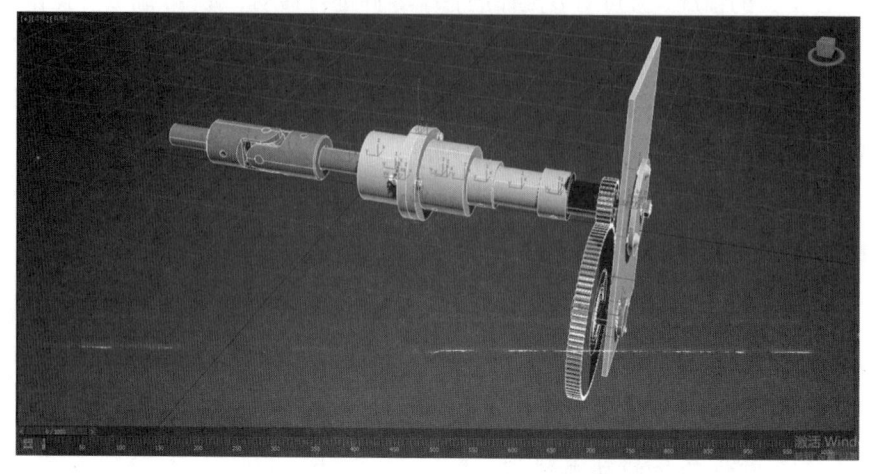

图 2-39　一级齿轮传动机构的初始关键帧

（3）接下来便可以按照顺序拆卸零件，移动时间轴上方的滑块，点击鼠标选中零件拖动至合适的位置即可。但要注意的是，在移动每一个零件之前都要为其打上一个关键帧（"钥匙"符号的按钮），这样才能达到逐一拆卸的效果，在移动完每一个零件之后也要打上一个关键帧，以确定其最终的位置。如图 2-40 所示，移动滑块移动至第 10 帧的位置，将螺钉移动至合适的位置，打上一个关键帧。下面要移动的是螺母，鼠标点击选中螺母，打上一个关键帧，然后将滑块移至第 20 帧的位置，再移动螺母至合适的位置，打上一个关键帧，这样便可以在第 10~20 帧时只有螺母在移动，如图 2-41 所示。接下来移动垫圈，鼠标点击选中垫圈，打上一个关键帧，然后将滑块移至第 30 帧的位置，再移动垫圈至合适的位置，打上一个关键帧，这样便可以在第 20~30 帧时只有垫圈在移动，如图 2-42 所示。剩余的零件按照上述例子进行操作即可，以下不再详细说明。

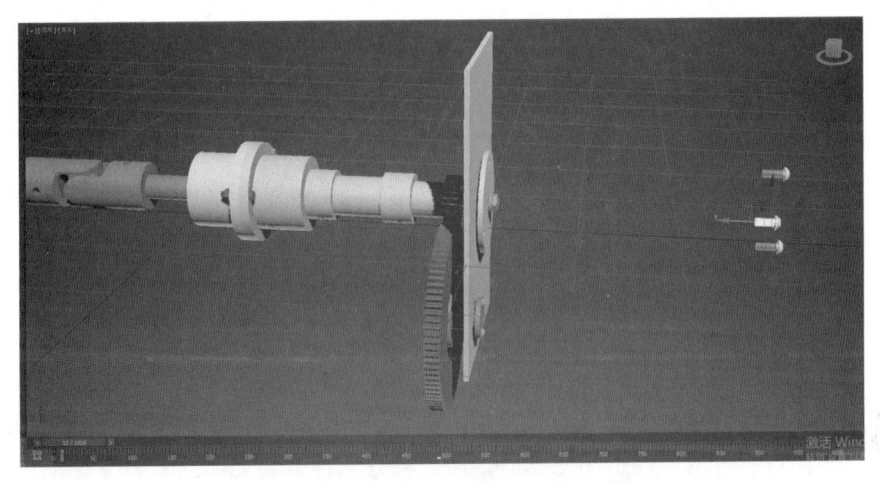

图 2-40　一级齿轮传动机构螺钉的移动

图 2-41　一级齿轮传动机构螺母的移动

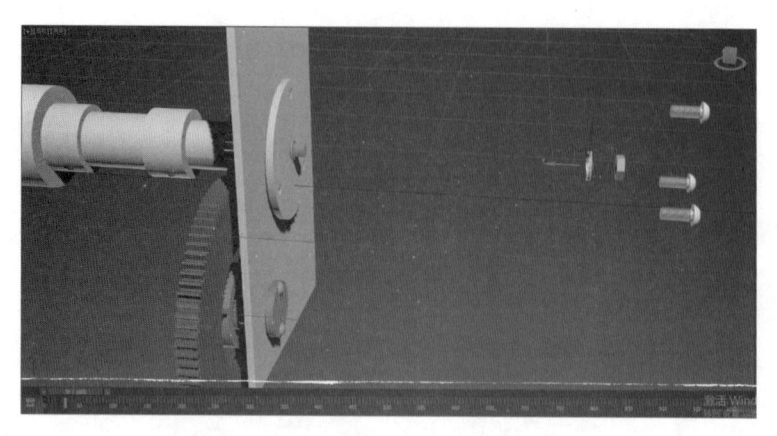

图 2-42 一级齿轮传动机构垫圈的移动

2. 零件的装配动画制作

在将所有的零件拆卸完成后,需要将它们逐一装配回原来的位置,其装配方法有坐标法和倒置关键帧法。

使用坐标法装配时,在装配体导入 3ds Max 后,记下所有零件在装配体中的初始坐标,如图 2-43 所示,主动轮的初始坐标为 x 轴:1.402;y 轴:–44.5;z 轴:–0.07,在第 80~90 帧时需要拆除齿轮,只需拖动其沿着 x 轴移动至合适的位置即可(y 轴和 z 轴的坐标保持不变)。而后在第 670~680 帧时需要将齿轮装配回原位置,只需要输入 x 轴的初始坐标 1.402 后,打上一个关键帧即可,如图 2-44 所示。

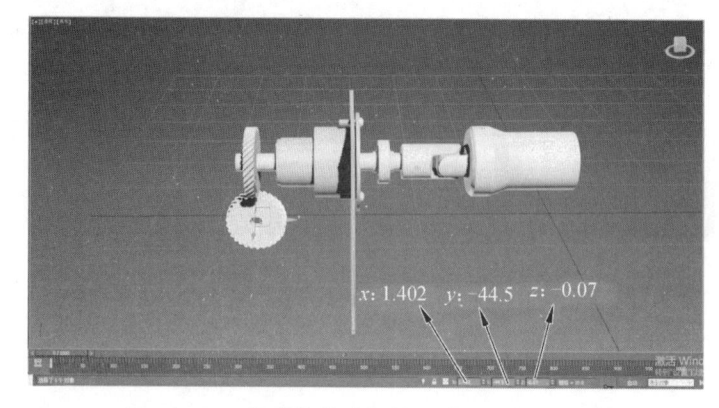

图 2-43 二级齿轮传动机构主动轮的初始位置

第二章 生产设备可视化技术资料制作研究

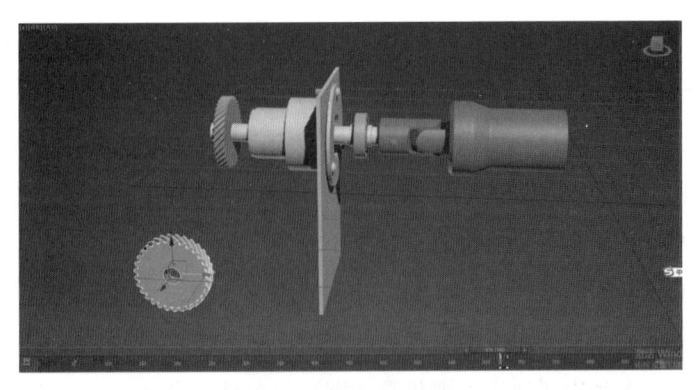

图 2-44 坐标法实现二级齿轮传动机构主动轮的装配

使用倒置关键帧法装配时，因为零件的拆除和装配顺序是相反的，所以在制作完拆卸动画后，将关键帧反转就可以实现零件的装配。具体方法：首先，让鼠标指在时间轴上，点击右键，打开"配置"，勾选"显示选择范围"。如图 2-45 所示，框选中要装配的螺钉、螺母、端盖等零件，时间轴上出现它们在拆卸时的关键帧段（时间轴刻度上的蓝绿色方块），然后按住鼠标左键框选这段关键帧，按住 Shift 键和鼠标左键，复制这段关键帧，并将其拖动到第 660 帧的位置（上述零件从这里开始装配），最后将时间轴下方左端的白点移至右端白点的位置，将右端的白点移至左端白点的位置，即可实现关键帧的倒置。

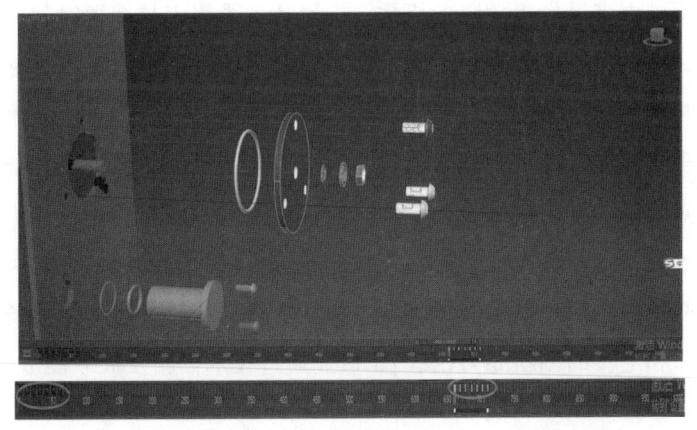

图 2-45 一级齿轮传动机构各零件实现关键帧倒置及复制

051

从以上操作可以看出，坐标法虽然操作简单，但是需要记下每一个零件的初始坐标，在装配时逐一输入零件的坐标让其回到原位置，比较费时费力。倒置关键帧法则可以通过复制关键帧，然后反转，一步便可实现零件的装配，只是该方法在复制并拖动关键帧到时间轴上的其他位置时可能不会精确地停留在需要的位置，需要手动调节。

为了减少工作量，机构的装配动画采用关键帧的倒置法制作。

使用 3ds Max 制作机构的爆炸和装配动画，有着比 SolidWorks 更好的呈现效果，能够达到制作可视化教学资料的各种要求。

第四节　实践创新意义

提高制造企业的"软实力"是提升劳动生产率的有效途径，其中提高设备管理团队的整体技术水平是很多企业，特别是经济落后地区制造企业亟须解决的问题。因此，该技术创新项目有广阔的推广前景。

为期一年的"卷烟机械可视化技术资料制作"项目为 X 烟厂提供了采用不同方式制作出的可视化技术资料，成功地用于企业维修团队技术人员培训，效果良好。接下来只需要在其中选择出教学效果最好的制作方式，推广应用到更多易发生故障的机构，即可达到维修人员在短时间内掌握设备性能、最大限度减少停机时间、提升企业总体劳动生产率的目标。

参与项目的机械电子工程专业的本科学生，通过了解企业技术创新需求，探索出最优、可行的技术创新方法去实现技术创新并验证其结果。这种经历对工科学生而言是十分宝贵的。一旦形成了创新意识，对生产实践中存在的问题就不会视而不见，并且会通过自己的创新活动去解决问题。如果我们培养的工程技术人员，大多数在今后的从业过程中都具备清晰的创新意识和足够的创新能力，我国制造业通过技术创新发展才能成为现实。

第三章　山地花椒采摘机械臂设计

第一节　问题背景调查和分析

学校机械电子工程专业同学在暑期社会实践活动中在四川省凉山彝族自治州越西县、冕宁县等地发现，花椒是非常适合在凉山州境内种植的经济作物。首先是因为凉山州山地面积大，而花椒树适合山地种植。其次凉山地区常年日照充足，特别是在每年的7~9月花椒果实成熟期间，充分的光照保障了花椒颜色红润、粒大饱满、脱籽率高、麻香味浓，批发价格达到70元/kg左右。因此在这样的经济落后山区，花椒种植是乡村振兴的工作重心所在。

花椒种植的技术要求不高，大多数农户都可以完成。同学们调查发现，影响该地区花椒种植推广的原因来自花椒采摘。主要的影响因素有：

（1）因为花椒的最佳采摘时间短，过早过迟采摘都会影响花椒的品质：采摘过早，没有足够成熟度，麻香味不足，色泽不鲜；采摘过迟，花椒过于成熟，麻香味也会变淡。因此每年花椒的最佳采摘时间只有10天左右。

（2）花椒采摘需要大量短期用工，而目前很多农村劳动力都外出务工，采摘季很难解决用工问题。目前，种植户大多采用换工的方式，其弊端是显而易见的。首先种植户因惧怕"用工荒"不敢贸然扩大种植面积，其次换工的方式可能让很多种植户的花椒错过最佳采摘时期，降低花椒的品质。

（3）花椒采摘人工费用巨大，会降低种植户收益。目前，凉山地区采摘鲜花椒的人工价格为 20 元/kg。折合到最终的花椒商品中仅采摘环节的人工费用约为 30 元/kg，在最终价格的 70 元/kg 中占到了较大比重，从而严重影响种植户收益。

（4）花椒采摘过程中采摘工人容易受伤。由于花椒树的茎干上分布有较多的皮刺，采摘人员容易被皮刺刺伤。同时，由于皮刺是由一种特化细胞分泌的一种坚硬的角物质组成，还会给采摘人员带来二次伤害。

由此可见，通过推广花椒种植实现凉山地区乡村振兴的瓶颈在于实现花椒采摘机械化。于是同学们萌生了设计花椒采摘机械臂的想法。用机械代替人工进行采摘，以上所有问题迎刃而解，打破瓶颈，让大凉山的所有荒山荒坡都可以种满致富的花椒树。

第二节　总体方案设计及论证

对于花椒采摘机械臂设计的总体方案，一开始同学们有很多想法，期望设计成果同时具备效率高、操作方便、智能化等优势，并提出了移动、避障、视觉识别等功能，而忽略了该机械臂的具体应用场合要求：①用于山地；②一次性完成鲜花椒采摘；③种植户持有并使用。因此最终将总体方案确定为：

（1）由于机器人的行走功能设计复杂，机械结构庞大，控制要求高，山地行走机器人的设计难度更大。所以具备山地行走功能的机器人价格是经济落后山区农户所不能接受的。为此选择采用机械臂而不是机器人，不需要移动功能，机械臂由种植户放置在花椒树下特定位置，一次实现一棵树的鲜果实采摘。

（2）采摘过程中实现智能化的果实识别和成熟度识别，需要采用科技含量高的视觉系统，考虑到偏远山区的网络覆盖和机械臂成本原因，放弃果实识别和成熟度识别，采用类似于稻谷收割的方式采摘下果实、树叶混合物，在晾晒过程中进行筛分（目前的人工采摘也是一次性采摘）。

（3）种植户对采摘过程的控制采用便于掌握的遥控操作，成本低，易掌握。

第三节　山地花椒采摘机械臂设计过程

一、相关研究准备

目前，国内外采摘花椒的方式大多数都是人工操控装置来进行花椒的采摘，市场上占比最多的采摘方式为剪切式，包括拇指刀花椒采摘装置、剪刀式花椒采摘装置和剪压式花椒采摘装置。这些设计在一定程度上能避免采摘人员受到皮刺的伤害和提高效率，三种采摘方式在使用过程中有各自的优缺点。

（1）拇指刀花椒采摘装置：如图 3-1 所示，拇指刀花椒采摘装置具有良好的弹性，其硅胶能紧贴手指，不易掉落。同时，硅胶前的刀片，符合指甲形状，能较好地节省力气。但其作用相当于给采摘人员手指加上了防具，仍然依靠人工操作，采摘速度基本不变。

（2）剪刀式花椒采摘装置：如图 3-2 所示，剪刀式花椒采摘装置体积小，质量小，改进了剪刀的结构，使操作人员能够手握其装置，依靠食指就能控制剪刀的开合，从而将花椒摘下。但仍然只能依靠人工操作，采摘效率低下。

（3）剪压式花椒采摘装置：如图 3-3 所示，剪压式花椒采摘装置将剪刀的刀片改为圆环式的铁圈并加上刀片，做到操控剪刀的开合时圆环的上下闭合，这样就能使圆环上的刀片顺利将接触到的花椒采摘并收集，等到达一定数量时再将其转移。

图 3-1　拇指刀花椒采摘装置

图 3-2　剪刀式花椒采摘装置　　图 3-3　剪压式花椒采摘装置

二、花椒采摘机械臂的设计内容

显然传统的花椒采摘装置并不能完全满足山地大面积花椒种植的采摘要求，所以将采摘装置与智能化相结合，设计一款用机械臂进行采摘的装置。基于以上问题，对花椒采摘机械臂的关键部分即机械臂和末端采摘装置进行研究设计，目标是提高采摘效率。主要的设计内容包括：

1. 花椒采摘机械臂的总体设计

对花椒树位于的地理位置等情况进行分析，确定花椒采摘机械臂的总体方案。

2. 花椒采摘机械臂的结构设计

考虑到花椒的种植环境大多数处在梯田和斜坡的地方，所以基座的设计应该稍微大一点，防止因为地势原因和机械臂运动导致其不稳定；由于花椒树枝分散，需要选取合适的机械臂来操控末端采摘器来进行采摘；在末端采摘器下添加收集装置，以便在采摘的同时将花椒收集，提高效率。

3. 末端采摘器的设计和仿真

考虑到采摘机械臂运用的场所，对其末端采摘器进行改进和创新，利用三维软件对其进行建模和仿真，确保其机械结构设置合理。

4. 控制方面的设计

根据成本和操作难度等问题对控制部分进行确定。

三、花椒采摘机械臂的总体设计

1. 采摘机械臂的设计参数确定

考虑到花椒树的生长环境和花椒采摘的方式，此机械臂需要完成花椒快速采摘的同时，也需满足尽最大可能将采摘的花椒储存。在这个过程中要求机械臂运行平稳，反应灵敏。所以该机械臂需要保持底座稳定，不会随着机械臂的转动而产生摇晃；同时竖直方向能达到花椒树的顶端，以此保证覆盖全部范围的花椒；水平方向也需要足够的长度和硬度，这样机械臂的末端采摘装置才能接触到离树干最远的花椒。由于每个地区的花椒树生长状况不同，本次设计以广安青花椒现代农业园区为调研地点，种植面积为3个大队约270公顷，种植间距左右一般为50 cm，前后一般为100 cm，采摘高度为30~175 cm，采摘宽度最大为150 cm。由此所需设计的主要参数如表3-1所示。

表 3-1 花椒采摘机械臂的主要参数

机械臂的主要参数	数 值
机械臂高度	1 500~1 950 mm
机械臂水平长度	不小于 1 500 mm
采摘的切断力	3~5 N
行走速度	0
采摘速度	30~60 r/min

2. 机械臂的自由度分析

自由度是机械臂极其关键的一个参数。物体相较于坐标系可以单独运动方位的数量称作自由度。物体能够进行的运动包括 3 个平移自由度和 3 个旋转自由度。机械臂上能够独立运动的关节数量称为机械臂的运动自由度。对于机械臂自由度的分析：机械臂在空间有 6 个自由度，计算自由度的方式为关节自由度的总数减去被约束的总数，根据空间机构自由度公式：

$$F=6n-5p_5-4p_3-3p_3-2p_2-p_1 \quad (3-1)$$

式中 n——节点数目。

此机械臂的自由度为

$$F=6\times 5-5\times 4-4$$
$$=6$$

所以此次设计的花椒采摘机械臂为 6 自由度的机械臂。其自由度的分配如图 3-4 所示。

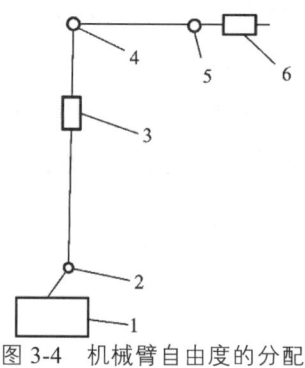

图 3-4 机械臂自由度的分配

其中，自由度 1 表现为底座关节的旋转，底座关节的旋转是机械臂进行 360° 覆盖的关键，因为它带动了整个机械臂的旋转，使末端采摘器在某个水平面完成覆盖；自由度 2 体现在腰关节的摆动，这一特性使得末端采摘器的姿态得以大幅度调整，且能够实现在平面中前后运动的有效控制；自由度 3 表现为大臂的伸缩，其通过伸缩大臂的方式，迅速调节末端采摘器的高度，以适应高度不足或高度过高的采摘场景；自由度 4 表现为肩关节的摆动，它带动了小臂的摆动，使末端采摘器在某个竖直平面达到大范围的覆盖；自由度 5 体现为腕转关节的转动，其目的是能够小幅度地改变末端采摘器在竖直平面的位姿；自由度 6 表现为腕扭关节的转动，能够在遇到树枝的阻拦时快速调整末端采摘器的姿态，以确保其能够通过树枝，同时还能增大采摘时与花椒之间的接触面积，提升采摘速度。以上自由度分配能够使末端采摘器快速准确地到达采摘位置。

3. 机械臂结构选型

常用的机械臂根据机械结构一般分为四种类型：

（1）直角坐标型机械臂。其运动以三个相互垂直的坐标轴为基础，它的关节运动方式是直线运动，而并不是旋转运动，结构简单，精度高。但其运作空间受限于本身的占地面积和极限臂长，在设计时需要着重考虑，目前多用于果园采摘机中。

（2）圆柱坐标型机械臂。它是由一个以回转关节为基础，绕 z 轴运动的运动部分和一个平移的运动部分构成的设备，主要应用于需求运动轨迹包含弧形的操作中。

（3）球坐标型机械臂。球坐标型机械臂采用球坐标来建模，其中运动分为三个方向：围绕 z 轴的旋转、围绕旋转后的 y 轴的旋转以及径向伸缩。它的精度和稳定性较低，有一定的误差和漂移。

（4）多关节型机械臂。它是由多个关节组成的机械臂，占地面积小，但可操作空间较大，具有灵活的动作特点，能够适应多种复杂的工作环境和操作任务。

由于花椒树的生长特性,所以一般种植在缓坡处,同时由于花椒树的枝梢较多且带刺,所以需要自由度较高的机械臂才能覆盖到整棵花椒树,以便提高采摘效率,因此该设计选择多关节式机械臂。多关节式机械臂:其关节都是能够旋转的,就像人的手臂一样,能够完成较高难度的采摘工作。同时,这类机械臂结构紧凑,占地面积小,便于在一整棵花椒树采摘完成后,将装置搬移到另一棵花椒树处,方便、省力。

4. 机械臂的驱动方式选择

机械臂根据其驱动系统的动力源一般分为三种:

(1)液压驱动系统:通过利用油液进行能量传递来实现机械臂的运动,具有动力大、负载能力高、响应快、可以直接驱动等优点。但效率相对较低,容易出现速度波动,对环境会造成污染,工作时会产生噪声。

(2)气动驱动系统:结构简单、容易构建、轻便、安装维护简单、压力等级低、使用相对安全、排气处理简单、不污染环境,但电能消耗较大,能源转换率很低,使用成本较高。虽然气动驱动系统工作环境适应性好,特别适合在易燃、易爆、多尘埃、强磁、强辐射、振动等恶劣条件下工作,但噪声较大,结构尺寸不宜过大,总输出力不宜大于 40 kN。

(3)电机驱动系统:成本低,使用能效高,噪声较低,维护间隔长,可调性能优越。但存在过载失效危险,电气安装的安全隐患大、质量大、尺寸大。

以上驱动方式都可以运用到机械臂当中,但液压驱动容易漏油,在急停时可能出现失步等现象;气动驱动的承载能力有限,在工作过程中也有可能出现失步现象。所以本次设计的驱动方式选用电机驱动。

四、花椒采摘机械臂的结构设计

（一）机械臂的总体结构方案

机械臂的结构、驱动方式以及负载能力决定了机械臂的使用功能，结构构成影响了机械臂的工作范围，驱动方式影响了机械臂的精确度和负载能力，负载能力决定了机械臂的采摘效率。

山地花椒采摘机械臂结构如图 3-5 所示，主要包括底座、腰关节、大臂、肩关节、小臂、腕关节、末端采摘器七大部分。确定机械臂的总体结构后，则根据具体工作要求来设计每个部分的结构。

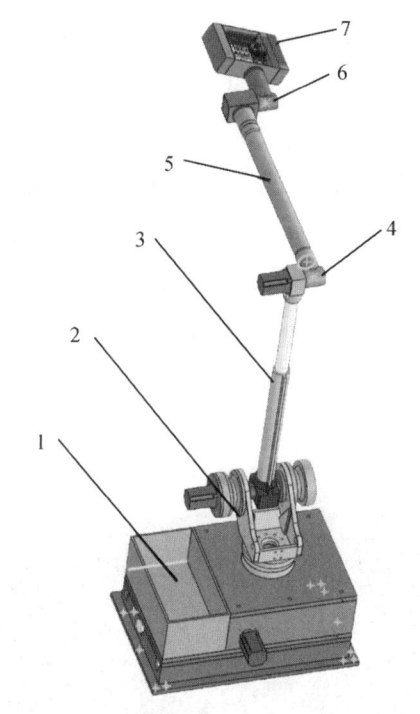

1—底座；2—腰关节；3—大臂；4—肩关节；
5—小臂；6—腕关节；7—末端采摘器。

图 3-5　机械臂总体结构

其中，底座为机械臂的运行提供稳定性，如果底座不稳定，机械臂将不能按照预想情况工作；腰关节连接了底座和大臂，能够让大臂 360° 旋转的同时上下摆动；大臂为伸缩结构，在一定程度能够缩小机械臂的体积，同时也为机械臂提供竖直高度；肩关节连接大臂和小臂，使小臂能够以肩关节为原点进行 270° 旋转；小臂主要为机械臂提供水平移动距离；腕关节连接小臂和末端采摘器，调整末端采摘器的姿态，让其能够更高效率地完成采摘。

（二）机械臂的末端采摘器设计

1. 末端采摘器结构设计

末端采摘器是本次设计至关重要的部分。末端采摘器决定了花椒采摘的方式和效率，同时也决定了机械臂的运动方式。此次采摘设计整体为长方形结构，摒弃了传统的剪刀式工作部分、钩子式工作部分、锯齿式工作部分等，极大地增加了采摘器工作部分与花椒的接触面积，提高了工作效率。工作部分主要由缺环、槽环、圆柱梳、端盖构成。缺环与减速器相连，带动圆柱梳转动，圆柱梳与花椒接触的同时，给花椒一个力，让其脱离进入采摘器外壳中，然后由于采摘装置和储存装置存在高度差，利用重力使采摘下的花椒掉入储存装置中，完成花椒的采摘。末端采摘器的三维图如图 3-6 所示。

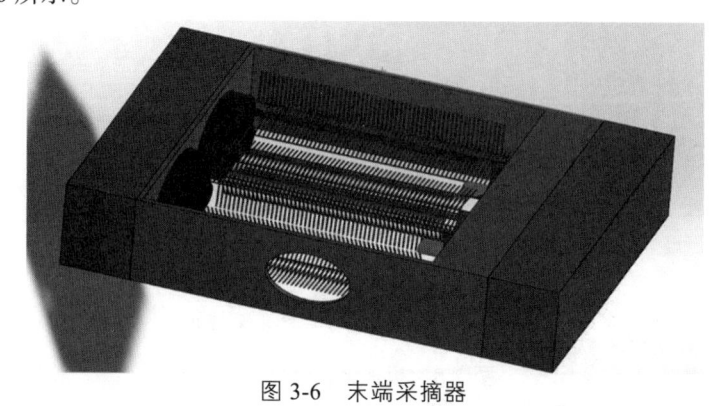

图 3-6 末端采摘器

计算末端采摘器质量计算公式为

$$V = a \cdot b \cdot h \tag{3-2}$$

$$m = \rho V \tag{3-3}$$

因此末端采摘器外壳两侧的体积：

$$V_1 = (22 \times 10 \times 5 - 21.6 \times 9.6 \times 4.6) \times 2$$

$$= 292 \ (\text{cm}^3)$$

末端采摘器中间部位两侧较长部位的体积：

$$V_2 = 25 \times 10 \times 0.4 \times 2$$

$$= 200 \ (\text{cm}^3)$$

末端采摘器中间部位两侧较短部位的体积：

$$V_3 = 21.2 \times 10 \times 0.4 \times 2$$

$$= 169.6 \ (\text{cm}^3)$$

末端采摘器外壳总体积：

$$V = V_1 + V_2 + V_3$$

$$= 661.8 \ (\text{cm}^3)$$

末端采摘器外壳的质量：

$$m_1 = \rho V$$

$$= 5 \ \text{kg}$$

将工作部分看作圆柱，其总质量为

$$m_2 = 0.7 \ \text{kg}$$

圆柱梳的质量为

$$m_3 = 0.3 \ \text{kg}$$

由此得出末端采摘器的总质量为 6 kg。

2. 圆柱梳结构设计

末端采摘器结构由缺环、槽环、圆柱梳、端盖组成，如图 3-7、图 3-8 所示。其中，最为核心的部分就是圆柱梳。圆柱梳中的圆柱分布的宽度，决定了工作部分是否能顺利将花椒采下。当圆柱梳过宽时，在其工作时，虽然能顺利接触到花椒，但是会让花椒从缝隙中漏出，无法将其顺利摘下。当圆柱梳过窄时，可能无法使圆柱梳转动时相交，也有可能因为缝隙太小，花椒无法利用重力势能掉落到储存装置中，从而继续留在圆柱梳上，影响采摘效率。

图 3-7　缺环及槽环

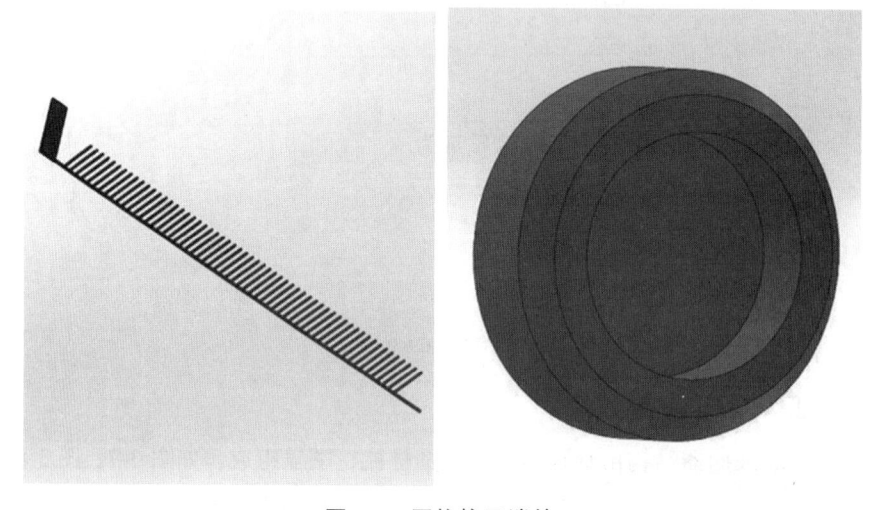

图 3-8　圆柱梳及端盖

根据花椒采摘的受力要求，确定圆柱梳齿的直径为 2 mm，其间距取决于鲜花椒直径，为此对鲜花椒直径进行了统计分析：

将 1 000 颗花椒分为 10 份，并分别称出它们的质量。根据实际情况操作得出它们的质量（g）分别为：7、7、6、7、8、7、6、6、8、8。平均 100 颗的质量为 7 g，根据得出的平均质量选取 10 000 颗花椒（这样能有效地保证绝大多数花椒的直径包含在内），然后在这 10 000 颗花椒中抽取 5 颗花椒，统计被抽取到花椒的直径，然后将其放回，重复以上操作 40 次，统计结果如表 3-2 所示。

表 3-2 鲜花椒的直径统计

花椒的直径/mm	数量/个
2.8~3.0	1
3.0~3.2	8
3.2~3.4	14
3.4~3.6	53
3.6~3.8	87
3.8~4.0	12
4.0~4.2	25

由于圆柱梳齿直径为 2 mm，由此可得出圆柱梳的缝隙应该大于 2 mm，根据表 3-2 所示的直径，当缝隙小于 3 mm 时，能采摘下 99%的花椒。根据表 3-2 所示的鲜花椒直径统计结果，确定圆柱梳齿间距设置为 5 mm。

3．圆柱梳强度校核

圆柱梳主要的受力是当其转动时与花椒接触所受的外力，圆柱梳三维图如图 3-9 所示。其强度校核主要包括圆柱梳齿 CD 的弯曲强度校核和圆柱梳轴 AB 的弯曲及扭转强度校核。

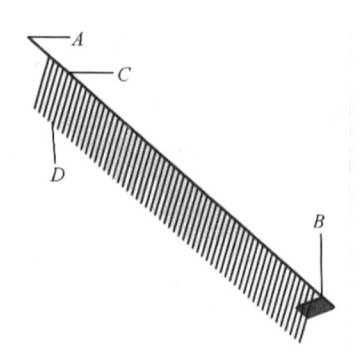

图 3-9 圆柱梳三维图

1）圆柱梳齿 CD 段的强度校核

圆柱梳齿 CD 段的受力分析如图 3-10 所示。

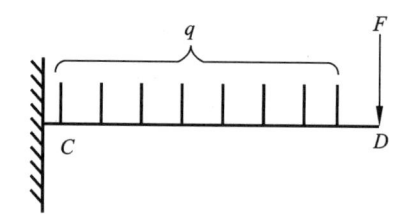

图 3-10 CD 段受力分析图

根据前面给出的工作参数，D 面受花椒的施加力 $F_{D\max}$=5 N，同时 DC 段整体长度承受均布载荷 $q_{CD\max}$=5 N/mm，l_{CD}=35 mm，D_{CD}=2 mm，根据弯曲正应力计算公式：

$$\sigma_{\max} = \frac{|M|_{\max}}{W_Z} \quad (3\text{-}4)$$

则最大弯曲应力为

$$\sigma_{\max} = \frac{F_D \cdot l_{CD} + \dfrac{q_{CD} l^2_{CD}}{2}}{\dfrac{\pi D^3}{32}}$$

=227 MPa<[σ]

圆柱梳选用 45 钢，许用应力为 235 MPa。

根据剪切强度计算公式：

$$\tau_{max} = \frac{F_S}{A} \qquad (3\text{-}5)$$

圆柱梳齿剪切应力为

$$\tau_{max} = \frac{F_D + q_{CD}}{\frac{\pi D^2}{4}}$$

$$= 4 \text{ MPa} < [\tau]$$

2）圆柱梳轴 AB 段的强度校核

圆柱梳轴 AB 段的受力分析如图 3-11 所示。

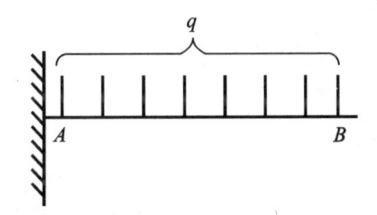

图 3-11 圆柱梳轴 AB 段受力分析图

圆柱梳轴 AB 段在工作时，主要受到均布载荷的作用，主要发生弯曲及变形，因此需校核其弯曲强度。

根据前面给出的工作参数，设 $q_{AB\text{max}}=580 \text{ N/m}$，$l_{AB}=190 \text{ mm}$，$D_{AB}=2.5 \text{ mm}$，则最大弯曲应力为

$$\sigma_{max} = \frac{\frac{q_{AB} l^2_{AB}}{2}}{\frac{\pi D^3}{32}}$$

$$= 69 \text{MPa} < [\sigma]$$

（三）机械臂的底座设计

底座是机械臂的基础部分，具有支撑机械臂的功能，其三维图如图 3-12 和图 3-13 所示。机械臂的底座分为三部分，分别为基座、箱体和花椒临时储存箱。基座直接与地面接触，提供较大的接触面积使其运动时更稳定；箱体固定在基座上，直接与腰关节相连；花椒临时储存箱与箱体同一水平面，通过可拆卸机构安装在基座上，方便花椒的转移。底座的材料选用 Q235 钢。Q235 是低碳钢，具有适中的强度和刚度，易加工，能够满足大多数机械臂的设计需求，并且价格也便宜，降低了制造成本。

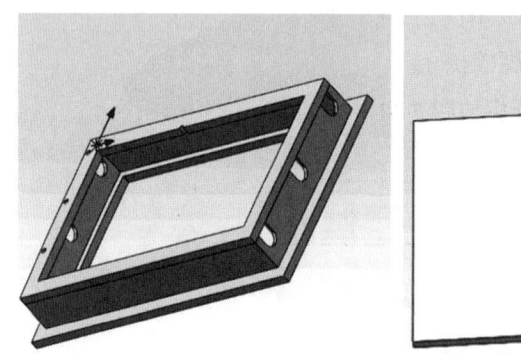

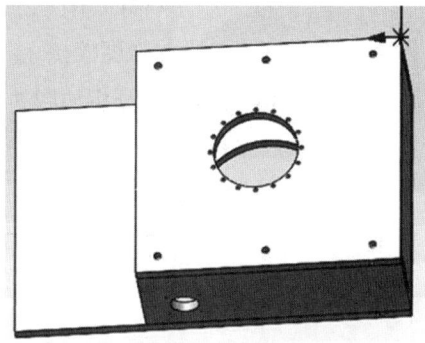

图 3-12　基座及箱体三维模型图

图 3-13　储存箱及底座三维模型图

（四）机械臂的臂部设计

1. 小臂设计

由于花椒树枝叶的半径范围一般不超过 1 m，而机械臂的采摘范围主要取决于小臂的长度，因此将小臂的整体长度设计为 1 m，确保当底座旋转时能将其全部覆盖。而材料的选择主要考虑常用的机械臂材料，以下是几种比较常用的机械臂材料：

（1）铝合金：它是一种非常轻的材料，同时具有很高的强度和刚度，容易加工和表面处理，且抗腐蚀性能良好，但是它的制造成本比较高，硬度相对比较低，无法满足一些高强度的工作。

（2）碳素结构钢：具有很高的强度和硬度，能够承受更大的载荷和压力，同时也有良好的可塑性，其成本低廉，容易加工，但是其抗腐蚀性差。

（3）钛合金：具有很高的强度和硬度，比许多普通金属、钢材等材料更坚固，质量轻、耐腐蚀。但是其制作过程复杂、成本高、易燃易爆。

（4）不锈钢：耐腐蚀、韧性好、耐高温，具有较高的强度和刚性。但其价格较高、导热性能差，强度相对钛合金稍逊。

（5）航空铝：质量小、高强度、抗腐蚀性好，易于加工。但是其价格昂贵，容易造成损伤，不易焊接。

小臂的材料选择需要考虑到其所需的力学性能、质量、刚性、耐久性、环境等因素，所以综合考虑小臂的材料选择结构碳素钢 Q235，其理论密度为 7.85 g/cm³。根据图 3-14 小臂的三维模型图，计算小臂质量：

$$V = \pi(r_1^2 - r_1^2) \cdot h \tag{3-6}$$

$$m = \rho V \tag{3-7}$$

图 3-14 小臂三维模型图

根据小臂的半径尺寸，计算其体积：

$$V_A = \pi(4.25^2 - 4^2) \times 4$$
$$= 20(\text{cm}^3)$$
$$V_B = \pi(4^2 - 3.9^2) \times 77.9$$
$$= 193(\text{cm}^3)$$
$$V_C = \pi(4.5^2 - 4.1^2) \times 8.3$$
$$= 90(\text{cm}^3)$$
$$V_D = \pi(5^2 - 4.25^2) \times 4.5$$
$$= 98(\text{cm}^3)$$
$$V = V_A + V_B + V_C + V_D$$
$$= 435 \text{ cm}^3$$

小臂的质量为

$$m = 3.5 \text{ kg}$$

2. 大臂设计

考虑到花椒在竖直方向的分布较广，此设计的机械臂大臂结构采用升降臂。伸缩臂的伸缩长度为 440 mm。可以选择的伸缩结构有齿轮齿条传动、蜗轮蜗杆传动、曲柄滑块结构、电动推杆等。齿条传动承载能力大，传动精度高，可达 0.1 mm，传动速度也很高，但是其加工安装精度差，传动噪声大，磨损大；蜗轮蜗杆传动更平稳、振动小、噪声低，但是其传动效率低，传动的磨损也严重，易发热，啮合齿轮间有较大的相对滑动速度；曲柄滑块结构制作简单，容易实现，但是占用空间大，容易损坏；电动推杆结构简单，不必要与其他装置配合使用，能够最大限度地减少占用空间，并且含有自锁装置，大大提高了安全性。考虑到结构简单、操作方便以及成本因素，设计选择电动推杆作为大臂结构。电动推杆结构还有一项显著的优势就是已经实现标准化，所以只需要根据参数选择电动推杆，减小了设计工作量，并且在使用过程中具有互换性。电动推杆选择的主要参数如表 3-3 所示。

表 3-3 电动推杆主要参数

电动推杆参数	数　值
所需推力	200~300 N
固定杆长度	695 mm
固定杆直径	80 mm
伸缩杆长度	600 mm
伸缩杆直径	60 mm
行　程	440 mm
电　压	12 V

根据花椒采摘机械臂沿铅直方向的行程要求以及采摘花椒的载荷情况，选择大臂电动推杆型号为 ANT-38：电压 12 V，最大功率 60 W，最大负载 300 N，行程 460 mm，伸缩速度 20 mm/s。三维模型如图 3-15 所示。

图 3-15 电动推杆三维模型

3. 臂部强度校核

根据机械臂的工作情况，大臂伸缩到最高，小臂位于水平位置时，机械臂的工作情况最危险，所以根据图 3-16 所示的机械臂工况简图进行分析。

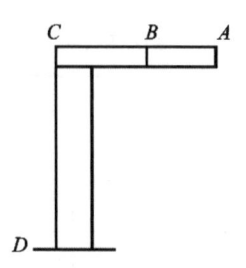

图 3-16 机械臂臂部危险工况简图

根据弯曲强度计算公式和轴扭转切应力计算公式：

$$\sigma_{\max} = \frac{|M|_{\max}}{W_Z} \quad (3-8)$$

$$\tau_{\max} = \frac{F_S}{A} \quad (3-9)$$

1）AB 段强度校核

机械臂 AB 段受力分析如图 3-17 所示，由于 A 面与采摘器相连，所以存在集中载荷 F_A，根据工作参数 F_A=60 N，m_{AB}=0.6 kg，其中 D_{AB}=90 mm，d_{AB}=88 mm，l_{AB}=165 mm。

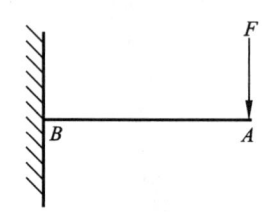

图 3-17 AB 段受力分析图

最大弯曲应力为

$$\sigma_{\max} = \frac{F_A \cdot l_{AB} + \dfrac{m_{AB} g l_{AB}^2}{2}}{\dfrac{\pi D^3}{32}\left[1-\left(\dfrac{d_{AB}}{D_{AB}}\right)^4\right]}$$

$$= 2 \text{ MPa} < [\sigma_{\max}]$$

最大扭转切应力为

$$\tau_{\max} = \frac{F_A + m_{AB}g}{\dfrac{\pi D^3}{4}}$$

$$= 1\,\mathrm{MPa} < [\tau_{\max}]$$

2）BC 段强度校核

机械臂 BC 段受力分析如图 3-18 所示。由于 B 面和肘关节相连，同时 AB 的长度和 BC 的长度相差过多，所以将 AB 看成存在集中载荷 F_B，BC 段存在均布载荷，根据工作参数 F_B=6 N，D_{BC}=75 mm，d_{BC}=68 mm，l_{BC}=1 000 mm，m_{BC}=3.5 kg。

图 3-18　BC 段受力分析图

最大弯曲应力为

$$\sigma_{\max} = \frac{F_B \cdot l_{BC} + \dfrac{m_{BC} g l_{BC}^2}{2}}{\dfrac{\pi D^3}{32}\left[1 - \left(\dfrac{d_{BC}}{D_{BC}}\right)^4\right]}$$

$$= 7\,\mathrm{MPa} < [\sigma_{\max}]$$

最大扭转切应力为

$$\tau_{\max} = \frac{F_B + m_{BC}g}{\dfrac{\pi D^2}{4}}$$

$$= 1\,\mathrm{MPa} < [\tau_{\max}]$$

3）CD 段强度校核

机械臂 CD 段受力分析如图 3-19 所示。其中大臂的直径 D_{CD}=80 mm, d_{CD}=60 mm, 壁厚为 20 mm, l_{AC}=1 350 mm。

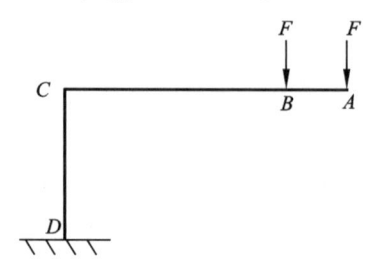

图 3-19　CD 段的受力分析

最大弯曲应力为

$$\sigma_{\max} = \frac{F_B \cdot l_{AC} + \dfrac{m_{BC}gl_{BC}^2}{2} + \dfrac{m_{AB}gl_{AB}^2}{2}}{\dfrac{\pi D^3}{32}\left[1-\left(\dfrac{d}{D}\right)^4\right]}$$

$$= 42\ \text{MPa} < [\sigma]$$

最大扭转切应力为

$$\tau_{\max} = \frac{F_A + F_B + m_{BC}g + m_{AB}g}{\dfrac{\pi D^2}{4}}$$

$$= 1\ \text{MPa} < [\tau]$$

通过以上计算可知，臂部的各个部位均满足强度要求。

（五）电机的选择

根据自由度的分配，每一个自由度都需要一个电机，但是由于电动推杆为标准件，所以需要 5 个电机，分别为腕扭关节、腕转关节、肩关节、腰关节和底座关节。另外，末端采摘器也需要电机驱动，因此一共需要选择 6 种电机与之匹配。

1. 腕扭关节电机的选择

腕扭关节包括转动关节和扭动关节，腕扭关节与机械臂末端采集器相连，调整末端采集器的位置，应该着重考虑末端采集器的质量、自身的质量、安装精度以及驱动速度。扭动关节的作用是调节末端采集器的位置，以便于更大面积地接触到花椒，从而提高采摘效率。扭动关节的工作方式是让末端采摘器绕定轴进行 180° 旋转，$a=350$ mm，$b=100$ mm，$m=5$ kg，转动惯量公式为

$$I = \iiint_V r^2 \mathrm{d}m \tag{3-10}$$

得出的转动惯量为

$$\begin{aligned} I &= \frac{1}{12}m(a^2 + b^2) \\ &= 0.06 \text{ kg} \cdot \text{m}^2 \end{aligned}$$

腕扭关节的额定转速为 π/3 rad，如果关节需要在 0.5 s 内完成加速，根据扭转计算公式：

$$T = \frac{I}{t}n \tag{3-11}$$

需要的关节扭矩为

$$T=0.12 \text{ N} \cdot \text{m}$$

所以腕扭关节的电机选用 AT-ZX01D，工作电压为 6 V，堵转扭矩为 15 kg·cm，转动角度为 180°。

2. 腕转关节电机的选择

当末端采摘器和转动关节处于水平位置时，关节扭矩最大。末端采摘器的质量大约为 6 kg，长度 22 cm，扭动关节的总体质量大约为 0.6 kg，长度为 1 900 mm。根据转动惯量公式（3-10），得出的转动惯量为

$$I_1 = \int_L^{L+h} \frac{1}{3}\rho \cdot ab(a^2 + b^2)\mathrm{d}z$$

$$= \frac{1}{3}m(a^2 + b^2)$$

$$= 0.24 \text{ km} \cdot \text{m}^2$$

$$I_2 = \int_0^L \left(\rho\pi r^2 + \frac{\rho\pi r^4}{4}\right)\mathrm{d}y$$

$$= \left[\frac{\rho\pi r^2 y^3}{3} + \frac{\rho\pi r^4 y}{4}\right]_0^L$$

$$= \frac{\rho\pi r^2 L^4}{3} + \frac{\rho\pi r^4 L}{4}$$

$$= \frac{mL^2}{3} + \frac{mr^2}{4}$$

$$= 0.008 \text{ kg}/\text{m}^2$$

$$I' = I_1 + I_2$$

$$= 0.248 \text{ kg}/\text{m}^2$$

腕转关节的额定转速为 π/3 rad，假如关节需要在 0.5 s 内完成加速，需要的关节扭矩为

$$T = 0.52 \text{ N} \cdot \text{m}$$

根据计算结果，转动关节采用的舵机型号为 AT-ZX01D，工作电压为 6 V，堵转扭矩为 15 kg·cm，转动角度为 300°。

3. 肩关节电机的选择

当小臂处于水平状态时，肩关节所输出的扭矩最大，末端采摘器的质量约 5 kg，长度 220 mm，腕关节的质量约为 0.6 kg，长度 190 mm，小臂质量约 3.5 kg，长度为 1 000 mm。根据转动惯量公式（3-10），得出的转动惯量为

$$I_3 = \int_0^L \left(\rho\pi r^2 y^2 + \frac{\rho\pi r^4}{4} \right) dy$$

$$= \left[\frac{\rho\pi r^2 L^4}{3} + \frac{\rho\pi r^4 L}{4} \right]_0^L$$

$$= \frac{mL^2}{3} + \frac{mr^2}{4}$$

$$= 1.17 \text{ kg/m}^2$$

肩关节转动额定转速为 π/3 rad,如果关节需要在 0.5 s 内完成加速,则需要的关节扭矩为

$T=2.97$ N·m

根据以上计算结果,选择肩动关节采用的舵机型号为 RS1035,工作电压为 7.4 V,堵转扭矩为 35 kg·cm,转动角度为 270°。

4. 腰关节电机和底座关节电机的选择

当大臂和小臂位于同一直线时,腰关节所输出的扭矩最大,末端采摘器的质量约为 5 kg,长度为 22 cm,腕关节的质量约为 0.6 kg,长度 19 cm,小臂质量约 3.5 kg,长度 100 cm,大臂质量约为 3 kg,总体长度为 1 500 mm。根据转动惯量公式(3-10),得出的转动惯量为

$$I_4 = \int_0^L \left(\rho\pi r^2 y^2 + \frac{\rho\pi r^4}{4} \right) dy$$

$$= \left[\frac{\rho\pi r^2 y^3}{3} + \frac{\rho\pi r^4 y}{4} \right]_0^L$$

$$= \frac{mL^2}{3} + \frac{mr^2}{4}$$

$$= 2.25 \text{ kg/m}^2$$

腰转关节的额定转速设定为 60°/s,关节完成加速的时间设定为 0.6 s,则腰关节所需的扭矩:

$T=6.4$ N·m

根据以上计算结构，选择腰转关节采用的舵机型号为 RS1070 水下舵机：工作电压为 7.4 V，堵转扭矩为 65 kg·cm，转动角度为 180°。

底座主要是以大臂的中心轴旋转，其受力和腰转电机并无太大差别，所以采用的舵机型号为 RS1070 水下舵机：工作电压为 7.4 V，堵转扭矩为 65 kg·cm，转动角度为 360°。所有关节电机的选型结果表 3-4 所示。

表 3-4　关节电机选型结果

关节位置	电机型号
腕关节扭动关节	AT-ZX01D
腕关节转动关节	AT-ZX01D
肩关节	RS1035
腰关节	RS107
底座关节	RS107

5. 末端采摘器电机的选择

通过试验可知，花椒采摘所需切断力为 3~5 N，末端采摘器的工作方式通过电机带动圆柱梳转动，圆柱梳的转动带动与其接触的花椒运动，从而将花椒采摘下。由此可见，选择电机的重要因素之一就是转速，如果出现了因为花椒太多，导致圆柱梳无法顺利转动的情况时，选定的电机应该具备防烧损功能。综合考虑选择的电机为 37GB520，供电电压范围为 6~12 V，额定电流为 150 mA，额定功率为 1.8 W，转速为 33 r/min。

至此，花椒采摘机械臂的机械结构设计部分完成。

（六）花椒采摘机械臂的运动控制设计

1. 机械臂的运动控制要求

由于考虑到设计难度和制造成本等诸多因素，此次设计并未加上视觉识别技术。在这种情况下，机械臂的控制需要通过人工进行，机械臂的控制需要满足以下要求：

（1）机械臂控制需要精确控制电机的启停，以实现机械臂末端执行器的精确定位和操作。因此，控制系统需要具备高精度的控制能力，以满足对机械臂运动的精确控制要求。

（2）控制系统还需要能够控制电机的正反转，实现机械臂的正向和反向运动。

（3）对于机械臂的控制方式，需要考虑操作简单、上手容易。可以通过开发用户友好的控制界面或控制设备，使操作人员可以轻松地掌握和使用机械臂控制系统。

（4）对于机械臂的控制，还需要考虑响应速度，即控制系统对输入指令的快速反应能力。响应速度越快，机械臂运动越精确和稳定。

（5）控制器需要充分考虑使用寿命和可靠性，以确保系统稳定运行，在长时间的工作过程中不出现故障。控制器应该具有足够的运动空间，以满足机械臂的运动需求。同时，控制器还需要考虑电源需求和安全等问题，确保整个系统的稳定性和安全性。

2. 控制器的选择和设计

市面上大多数 PS2 手柄都采用 SPI（串行外围设备接口）协议，在嵌入式开发中，常用的通信方式之一就是 SPI 协议，所以此次控制器设计采用 STM32 开发板和 Keil5。STM32 开发板的主要任务就是负责通过 I/O 接口向机械臂的舵机发送控制脉冲来控制舵机的转动，以此来实现机械臂的运动。通过手柄的按键来获取每一个按键按下的状态的不同值，从而达到控制机械臂运动的目的。

根据机械臂的运动控制要求设计控制手柄，如图 3-20 所示。其控制功能要求为：按下 MOOD 切换到红灯模式，按钮 1 控制末端采摘器的工作部分，当它被按下时，工作部分开始工作；当按下按钮 2 时，工作部分停止工作。按钮 3、4 控制腕扭关节，当一直按下按钮 3 时，腕扭电机反转，当一直按下按钮 4 时，腕扭电机正转。按钮 5、6 控制底座关节，一直按下按钮 5 时，底座电机正转，一直按下按钮 6 时，底座电机反转。按钮 7、8 控制腰转关节，一直按下按钮 7 时，腰转电机正转，一直按下按钮 8 时，腰转电机反转。按钮 11、12 控制肩转关节，一直按下按钮 11 时，肩转电机正转，一直按下按钮 12 时，肩转电机反转。按钮 13、14 控制腕转关节，一直按下按钮 13 时，腕转关节正转，一直按下按钮 14 时，腕转关节反转。当按下 MOOD 切换到绿灯模式时，摇杆 9、10 与左右八个按钮的功能相同。

图 3-20 控制手柄功能设计

如图 3-21 所示为手柄通信时序图，DI 和 DO 用来传输比特串（8 位）的数字信号，以完成数字信号的输入和输出功能。在传输时，CS 为低电平，CLK 从高变低。

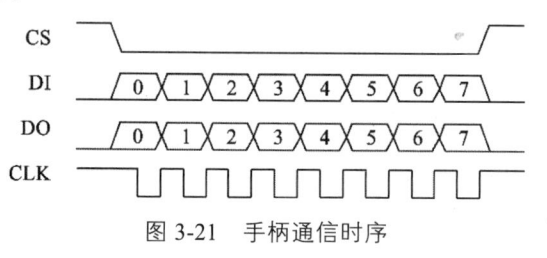

图 3-21 手柄通信时序

3. 舵机的工作原理

舵机的主要组成部分为舵盘、减速齿轮组、位置反馈电位计、直流电机、控制电路等。其工作原理是依靠反馈信号完成闭环控制，由此保证输出的速度和角度精确可靠。如图 3-22 所示，当电机收到控制信号后，产生旋转力矩，驱动齿轮旋转，同时将旋转的角度转换为输出轴的运动。舵机的控制方式分为三种：脉冲宽度调制（PWM）、串行总线控制、模拟输入调节。

控制脉冲 → 控制电路 → 电机 → 齿轮组 → 比例电位器 → 比例电压 →（回到控制电路）

图 3-22　舵机工作流程

4. 控制板选用

机械臂选用如图 3-23 所示的 STM32 控制板，主控芯片为 STM32F103C8T6，6 路 PWM 舵机控制通道，能够脱机运行，支持低压报警。

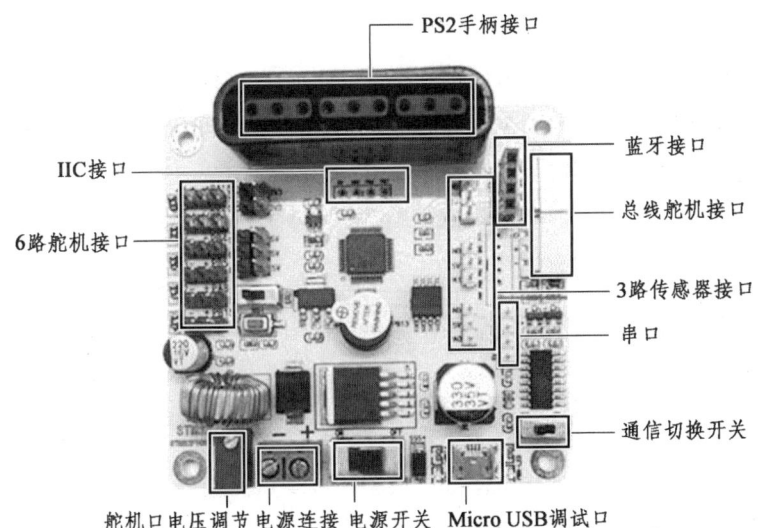

图中标注：PS2手柄接口、蓝牙接口、IIC接口、总线舵机接口、6路舵机接口、3路传感器接口、串口、通信切换开关、舵机口电压调节、电源连接、电源开关、Micro USB调试口

图 3-23　STM32 控制板整体介绍

5. 机械臂控制电路设计

1）舵机供电控制电路设计

如图 3-24 所示，通过 xl4015 芯片将输入的电压调整为适合的电压为舵机供电，同时也满足舵机的工作电流，避免出现电压满足条件但电流过大将芯片击穿的情况。通过 Header3 电位器调节 VDJ 和 GND 之间的电压，

081

以满足不同舵机的工作电压要求。

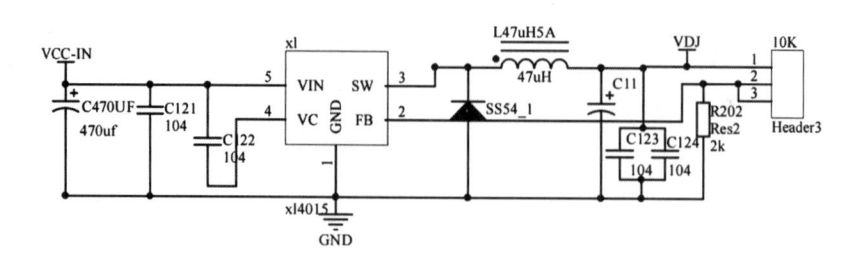

图 3-24 舵机供电控制电路

2）主控芯片供电控制电路设计

主控芯片供电控制电路设计如图 3-25 所示，电池的供电通 AMS1117 稳压模块将电压调节为 5 V，再通过 SPX5205 芯片降压至 3.3 V，此时电源的指示灯亮起，说明主控芯 STM32 已供电。

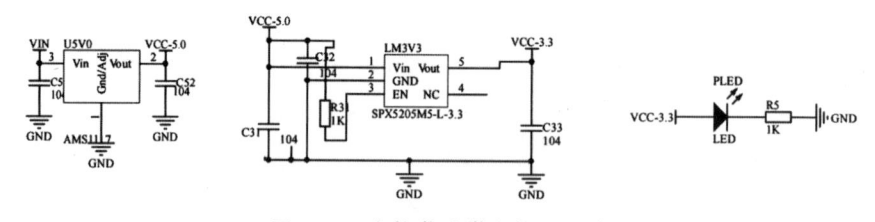

图 3-25 主控芯片供电控制电路

3）下载调试接口控制电路设计

下载调试接口控制电路设计如图 3-26 所示，因为需要通过 USB 进行程序的下载和上位机的调试，所以选用 CH340 芯片。

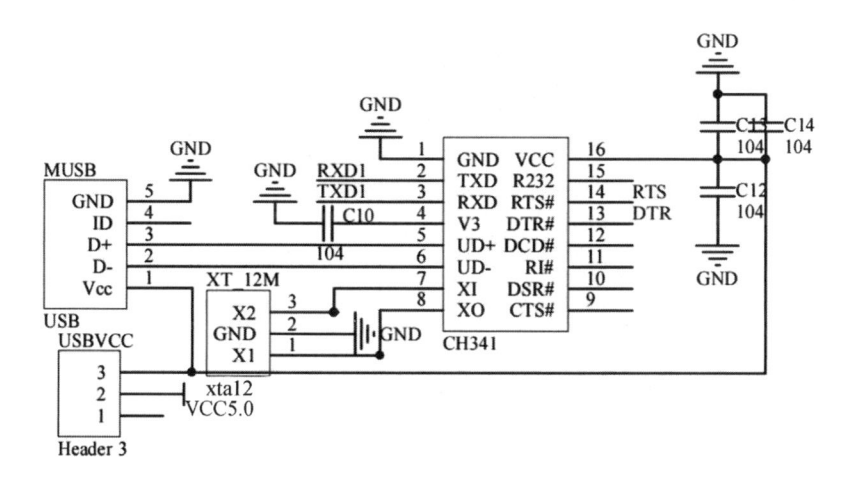

图 3-26　下载调试接口控制电路

图 3-27 为 PS2 无线手柄的接线情况。

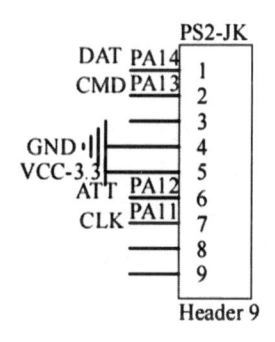

图 3-27　PS2 无线手柄接线情况

6. 编写核心控制程序

为确保机械臂实现所有控制功能，需要编写的控制程序较多，这里只呈现 PS2 初始化程序（见图 3-28）、定时器设置程序（见图 3-29）、STM32 输入串口分配程序（见图 3-30）以及舵机控制程序（见图 3-31）。

根据图 3-28 所示，在主函数中插入 ps2_Init（）；使 ps2 完成初始化。

083

```
int main(void)
{
    SysTick_Init();        //系统滴答定时器初始化
    Servor_GPIO_Config();
    LED_Init();            //LED 初始化函数
    Beep_Init();           //蜂鸣器初始化函数
    Beep_Test();           //蜂鸣器测试
    Led_Test();
    Timer_Init();
    Timer_ON();
    PS2_Init();
    Uart_Init(1);
    Uart_Init(3);
    USART3_Config(115200);
    USART_Config(USART1,115200);
    while (1)
    {
       scan_ps2();

    }
}
```

图 3-28　PS2 初始化程序

根据图 3-29 所示，使用定时器 4 将其设置为 2 ms，由代码 if(time==10) 得出每 20 ms 会读取一次键值。

```
TIM_DeInit(TIM4);                                        /* 重新启动定时器 */

TIM_TimeBaseStructure.TIM_Period=2000;                   /* 自动重装载寄存器周期的值(计数值) */
TIM_TimeBaseStructure.TIM_Prescaler=71;                  /* 时钟预分频数 72M/72 */
TIM_TimeBaseStructure.TIM_ClockDivision=TIM_CKD_DIV1;    /* 外部时钟采样分频 */
TIM_TimeBaseStructure.TIM_RepetitionCounter = 0;
TIM_TimeBaseStructure.TIM_CounterMode=TIM_CounterMode_Up; /* 向上计数模式 */
TIM_TimeBaseInit(TIM4,&TIM_TimeBaseStructure);

TIM_ClearFlag(TIM4,TIM_FLAG_Update);                     /* 清除溢出中断标志 */

TIM_ITConfig(TIM4,TIM_IT_Update,ENABLE);                 /* 开启中断触发*/

TIM_Cmd(TIM4,DISABLE);
}
```

图 3-29　定时器设置程序

根据图 3-30 所示，定义 PS2 无线手柄接收器和 STM32 芯片的引脚连接，达到与原理图的手柄接口一致。

```
#define DI      PAin(14)          //PA11 输入

#define DO_H PAout(13)=1          //命令位高
#define DO_L PAout(13)=0          //命令位低

#define CS_H PAout(12)=1          //CS拉高
#define CS_L PAout(12)=0          //CS拉低

#define CLK_H PAout(11)=1         //时钟拉高
#define CLK_L PAout(11)=0         //时钟拉低
```

图 3-30　STM32 输入串口分配程序

根据图 3-31 所示，通过 key 语句判断哪个按键被按下，然后通过 CPWM 进行步进的加，进而实现舵机控制。

```
flag_scan_ps2 = 0;
key = PS2_DataKey();
PS2_AnologData(PSS_RX)
switch(key)
{
    case PSB_PAD_UP:CPWM[1]+=5;if(CPWM[1]>=2300)   CPWM[1]=2300;dj1+=10;if(dj1>=2200)dj1=2200;break;
    case PSB_PAD_DOWN:CPWM[1]-=5;if(CPWM[1]<=700)  CPWM[1]=700;dj1-=10;if(dj1<=700)dj1=700;break;
    case PSB_PAD_LEFT:CPWM[2]+=5;if(CPWM[2]>=2300) CPWM[2]=2300;dj2+=10;if(dj2>=2200)dj2=2200;break;
    case PSB_PAD_RIGHT:CPWM[2]-=5;if(CPWM[2]<=700) CPWM[2]=700;dj2-=10;if(dj2<=700)dj2=700;break;

    case PSB_TRIANGLE:CPWM[3]+=6;if(CPWM[3]>=2300) CPWM[3]=2300;dj3+=10;if(dj3>=2200)dj3=2200;break;
    case PSB_CROSS:CPWM[3]-=6;if(CPWM[3]<=700)     CPWM[3]=700;dj3-=10;if(dj3<=700)dj3=700;break;
    case PSB_PINK:CPWM[4]+=6;if(CPWM[4]>=2300)     CPWM[4]=2300;dj4+=10;if(dj4>=2200)dj4=2200;break;
    case PSB_CIRCLE:CPWM[4]-=6;if(CPWM[4]<=700)    CPWM[4]=700;dj4-=10;if(dj4<=700)dj4=700;break;

    case PSB_L1:CPWM[5]+=5;if(CPWM[5]>=2300) CPWM[5]=2300;dj5+=10;if(dj5>=2200)dj5=2200;break;
    case PSB_L2:CPWM[5]-=5;if(CPWM[5]<=700)  CPWM[5]=700;dj5-=10;if(dj5<=700)dj5=700;break;
    case PSB_R1:CPWM[6]+=20;if(CPWM[6]>=2300) CPWM[6]=2300;dj6+=10;if(dj6>=2200)dj6=2200;break;
    case PSB_R2:CPWM[6]-=20;if(CPWM[6]<=700)  CPWM[6]=700;dj6-=10;if(dj6<=700)dj6=700;break;
    default:break;
}
```

图 3-31　舵机控制程序

（七）调试和仿真

设计完成后，对该山地花椒采摘机械臂的设计结果进行计算机仿真，以检验设计结果，主要包括针对机械设计方面的 SolidWorks 三维建模和运动仿真以及针对控制设计部分的上位机运行仿真。

1. SolidWorks 三维建模及运动仿真

此次设计采用 SolidWorks 软件对机械臂进行三维建模,同时运用自带的功能对其进行运动仿真,以检验是否实现运动要求。

机械臂 SolidWorks 三维建模结果如图 3-32 所示,该模型直观地表达了设计对象的机械结构。SolidWorks 环境能表达清楚其内部结构。

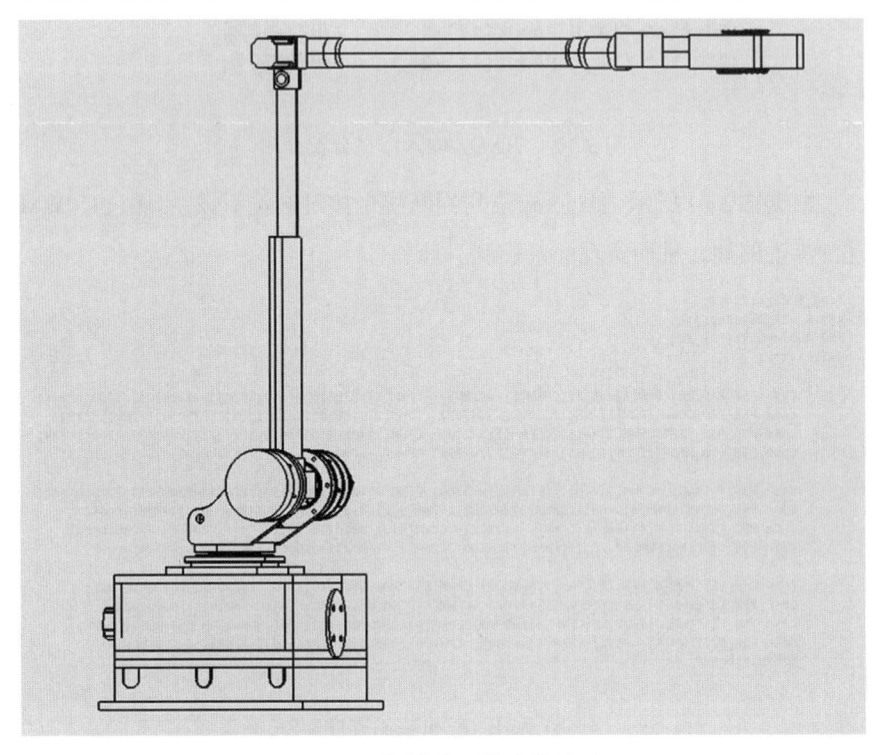

图 3-32 机械臂三维建模结果

将画好的机械臂的装配体导入新建运动轨迹,设定其工作流程:机械臂在未工作的情况时处于收缩状态,从而减小其占地面积,当其启动时,能够迅速展开,随之到达花椒树的顶端,此时机械臂的状态为底座与大臂垂直、大臂与小臂垂直。然后控制腰转关节、肩转关节和腕转关节实现机械臂由远到近的采摘,随后底座转动一定的角度,实现由近到远地采摘,将机械臂处的平面采摘完时,控制电动推杆的伸缩,降低高度,完成下一个平面的采摘。重复以上操作,直到整棵树的花椒被完全采摘。由于工作流程的重复,此次模拟只模拟其一小部分的工作流程。在机械臂运动时,得到机械臂工作状态下的受力仿真,如图 3-33 所示。

图 3-33 机械臂工作状态下受力仿真

2. 上位机运行仿真

修改上位机的界面,将其调整为适合此设计的舵机:S1(底座舵机)、S2(腰转舵机)、S3(肩转舵机)、S4(腕转舵机)、S5(腕扭舵机)、S6 和 S7(末端采摘器舵机),详细分布图如图 3-34 所示。

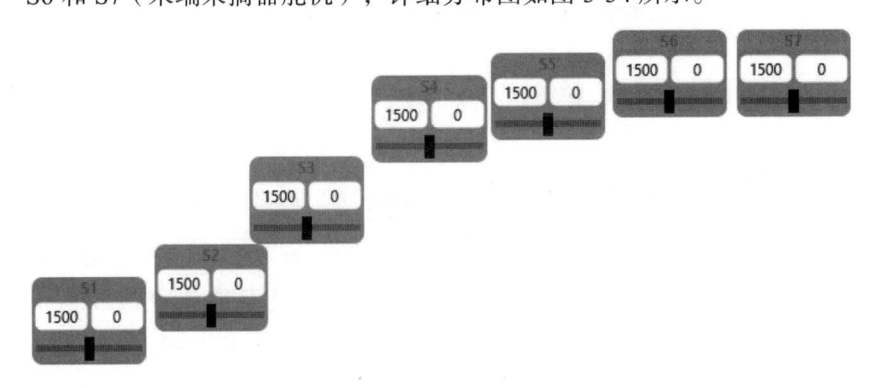

图 3-34 舵机分布图

拖动滑块,舵机就能随之运动,然后将其状态保存,形成序号,就会成为机械臂的运动情况。如图 3-35 所示,01 代表机械臂从收缩状态到工

087

作状态；02代表机械臂从远到近的工作情况；03代表机械臂从近到远的工作情况。

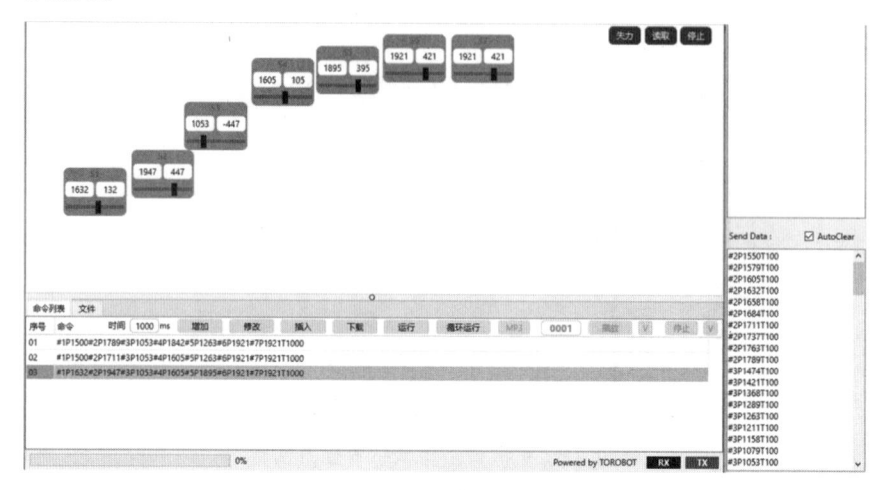

图 3-35　工作舵机状态图

以上仿真结果表明，设计在机械结构及控制部分达到了主要设计要求。

第四节　实践创新意义

"山地花椒采摘机械臂设计"这个项目在理工科学生创新能力培养方面的意义体现在：

（1）经过多年的探索，我们在学生创新意识培养方面收到很大成效。一直以来同学们在"社会实践"这个环节很难将其与专业学习联系起来，更多的是去了解农村、了解基层、了解社会。在经济发展相对落后的四川省凉山彝族自治州山区，花椒种植是当地实现乡村振兴的有效途径。然而当同学们调查到该产业发展受到采摘低效率的制约时，并没有听之任之，而是想到可以通过山地花椒采摘机械化来打破这个"瓶颈"，让乡村振兴之路更顺畅。具备创新意识的同学解决问题的方式发生了根本改变，以前的同学会把这个问题写进社会实践报告里，而如今的同学会把它作为研究课题，跟老师一起通过技术创新去解决问题，真正做到了技术创新，意识先行。

（2）创新设计过程中，同学们学会了全方位、全要素思考，拓宽了思路。通过学习，同学们对智能机器人了解越多，就越想提高设计对象的智能化和自动化程度，将设计对象"高级化"作为自己的设计目标。因此在确定设计方案环节，让同学们学会去分析每一种功能的必要性和对应的成本，综合考虑应用场合以及使用人群，让设计对象在满足使用要求的前提下适合山区花椒种植户使用。要达到这一目标，就不能只考虑单一因素，这一点在所有技术创新活动中都必须做到。

（3）创新活动的开展激发了同学们的学习热情。设计过程所用到的专业知识并不全在开设的专业课程范围内，但解决问题的热情促使同学们在较短的时间内补充了很多关于工业机器人、机械设计、自动控制等方面的知识，了解了更广阔的专业领域，这样的学习是主动、高效、有激情的，这些知识的掌握扩大了视野，增强了专业认知，更重要的是让同学们明白了在技术创新过程中，怎样解决专业知识缺乏的问题。

（4）运用科学的方法去验证自己的科技创新成果。对于在校大学生而言，将自己的设计转化为商品是有难度的，因此设计是否达到预定目标缺乏实践检验。同学们采用 SolidWorks 工程软件除了进行设计对象整体的三维造型外，还对其运动、受力进行了仿真，同时运用控制软件对机械臂电机控制也进行了仿真，部分验证了自己的设计成果。这样，即使没有实际的推广应用过程，同学们对自己的设计成果也了然于胸，增强了技术创新的自信心。

第四章 汽车流水线弹性卡箍电动分装工具改进

第一节 问题背景调查和分析

经过一段时期的快速增长，目前我国汽车工业已经成为国内工业的第五大支柱产业，对国民经济和社会发展至关重要。汽车工业具有技术创新和高投入、高产出的规模经济性，使得汽车工业成为世界公认的推动国民经济发展的驱动力。强大的产业关联度在汽车工业发展的同时，带动了其他产业的发展，进而带动整个国民经济的发展。汽车工业规模效益优势使其自身发展对带动国民经济增长有更大的贡献率，此外汽车工业还可以提高社会经济运作效率，追加消费需求，形成生产消费的良性循环等。可见，汽车工业在国民经济中占有举足轻重的地位。

目前，国内汽车制造企业均实现了生产方式的革命性转变，采用流水线生产，大大提高了生产效率。功能分解，空间上顺序依次进行，时间上重叠并行，这是流水线的基本特征，因此流水线生产过程中各个工序之间的节拍一致是保证流水线正常运行的重要保证。然而流水线生产中的一些特殊工序是需要人工操作的，如果操作难度大或存在安全隐患，势必影响到流水线的正常运行，从而降低整体的生产效率。

C 汽车制造企业位于我国中西部地区，在经济发展相对落后的地区，该企业毫无疑问成为地方经济支柱。然而经过多年的发展，该汽车企业的生产集中度和市场占有率不到 10%，在进一步挖掘生产率潜力方面存在广阔的空间。工厂总装车间内，为实现 55~65 s 完成一台汽车的装配，采用流水线作业形式，布置出一条主线和其他支线。在生产实习过程中，同学们发现其生产支线上有一道工序是工人使用传统工具分装弹性卡箍，这一工序由于完全依赖人工操作且效率低下，常常导致车间内滑线和停线，影响整条生产线的生产效率。

汽车设计中采用了很多将软管连接到固定装置的结构，如图 4-1 所示。支线装配中的弹性卡箍分装工序就是工人使用卡箍钳（见图 4-2）将弹性卡箍分装在各类连接软管上。

图 4-1　汽车结构中的弹性卡箍

图 4-2　用卡箍钳安装弹性卡箍

在生产实践中该工序执行存在的问题如下：

（1）汽车用弹性卡箍采用先进技术制造，基体为具有较高的综合机械性能的下贝氏体组织。操作者每一次操作需施加约 100 N 的力，卡箍发生弹性变形后方能安装在软管上。因此操作者在长时间重复用力过程中容易疲劳，工作速度减慢，从而影响支线的装配效率。这时主线供应就会出现真空期，整条汽车生产线的效率下降。

（2）操作者在用卡箍钳夹住卡箍进行装配的过程中，由于乏力或装夹位置偏差，使得卡箍在受力情况下脱离钳口向四周弹射，给一定范围内的人和设备带来安全隐患。

第二节　总体解决方案设计及论证

通过在实习过程中深入调查和研究，同学们一致认为在 C 汽车制造企业的生产流水线上，使用传统工具进行弹性卡箍的安装已经严重影响到生产线的工作效率。而解决问题的唯一途径就是需要设计出一款汽车用弹性卡箍安装的专用工具，用电动代替手动，让整个装配过程不再受到体力的影响，从而确保生产效率和安全性。

具体方案为：

（1）设计一种能够改变开合角度同时能做出挤压动作的钳口。在操作过程中需要较大的挤压力，因此钳口应采用低副装置；在保持弹性卡箍发生弹性变形进行装配的过程中，要求机构自锁，这一点可以通过铰链四杆机构中的死点位置来实现；钳口的运动为摆动。基于以上原因，钳口的设计采用曲柄摇杆机构。

（2）分装工具由电动机来提供动力，以弥补操作者乏力而影响工作进度的不足。设计动力来源由电动机提供，同时又为保证钳口能够摆动，动力源选用舵机 1，实现曲柄 2 与舵机同步转动角度，然后曲柄 2 带动摇杆 3

达到钳口的角度变化要求，帮助完成设计中钳口的角度摆动需要。钳口设计方案如图 4-3 所示（采用最终 3D 模型图）。

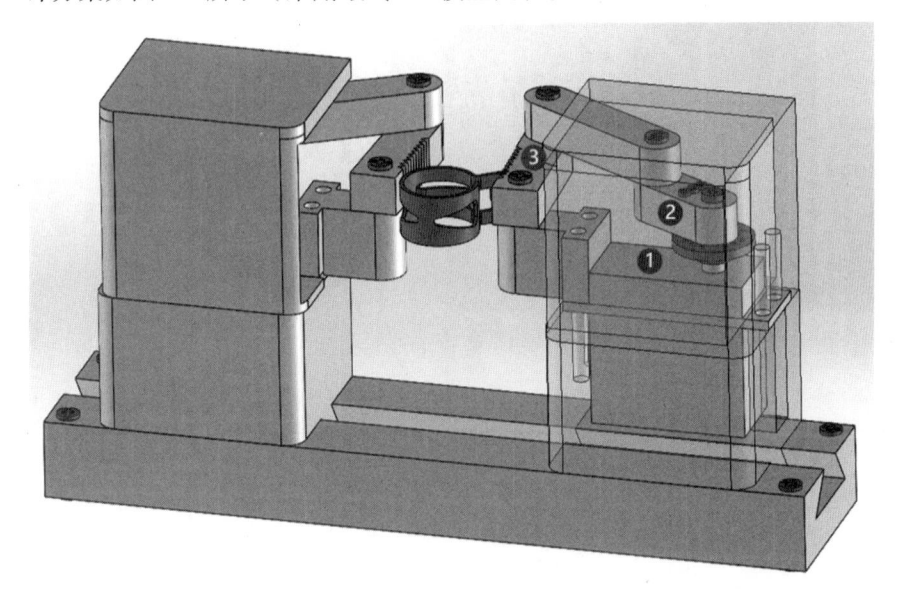

图 4-3 钳口设计 3D 模型

第三节 汽车流水线电动弹性卡箍电动分装工具设计过程

一、汽车结构中弹性卡箍结构分析及设计载荷的确定

1. C 汽车制造企业采用的弹性卡箍结构分析

目前，乘用车冷却系统管路使用最为广泛的一种卡箍是用一根 65Mn 钢带环绕成环状的卡箍，其形状结构如图 4-4 所示。作为标准化零件，弹性卡箍的结构取决于内圈直径和耳部夹角。C 汽车制造企业所采用的弹性

卡箍结构参数如表 4-1 所示，材料均为锰钢。

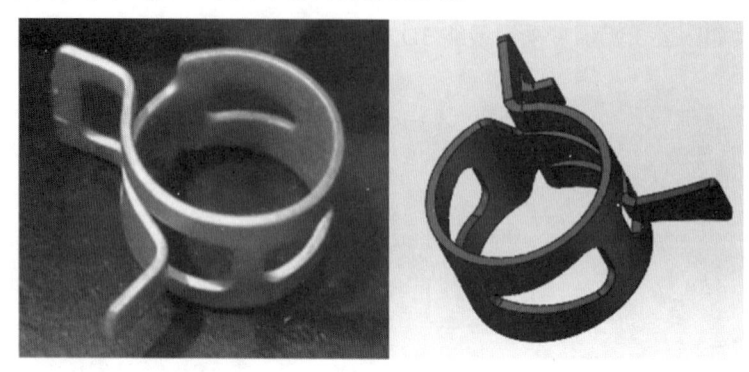

图 4-4　弹性卡箍实物

表 4-1　弹性卡箍结构参数

弹性卡箍	内圈直径	材　质	耳部夹角
卡箍 A	10 mm	锰钢	75°
卡箍 B	20 mm	锰钢	80°

2. 弹性卡箍的工作原理分析

装配过程使用卡箍钳对弹性卡箍耳部施加夹紧力，使其发生弹性变形后卡箍内圈直径增大，如图 4-5 所示，再将软管套入卡箍内。安装完成后取消夹紧力，卡箍会依靠自身弹性收紧并对软管进行箍紧。它能自适应调整箍紧胶管，对松动出现间隙的补偿更直接。

图 4-5　卡箍钳夹紧卡箍耳部后内圈直径增大

3. 钳口设计载荷的确定

在进行弹性卡箍装配的过程中，从自然状态到工作状态需要一定大小的外部挤压力施加在耳部两端，使弹性卡箍内圈达到最大直径，即分装工具需要给弹性卡箍施加足够的夹紧力。这是分装工具结构设计的重要参数指标。本设计中夹紧力通过试验方法测得，具体做法是：在生产现场抽取所使用的 A 型和 B 型弹性卡箍各 10 枚，用卡箍钳夹紧到内圈直径最大，同时用测力计测出此时的夹紧力。测量结果：弹性卡箍单边耳部所受的工作夹紧力范围大小为 89~100 N。由于弹性卡箍为标准件，其结构和材料标准，因此选用安全系数 1.2，确定出设计载荷为 120 N。

二、钳口曲柄摇杆机构设计

基于 120 N 的设计载荷以及弹性卡箍需要保持卡箍钳最大载荷状态（卡箍内圈直径最大）进行装配，因此选用曲柄摇杆低副机构，既能满足载荷要求，又可以利用死点位置在装配状态让机构实现自锁，同时曲柄摇杆机构所具备的急回特性还能提高工作效率。

（一）曲柄长度确定

该机构用于自动卡箍钳口，由于卡箍钳是手持工具，因此其尺寸和质量有一定限制。钳口曲柄摇杆机构中曲柄为主动件，根据钳口总体尺寸不超过 100 mm 的要求，将曲柄尺寸确定为 20 mm。

（二）极位夹角 θ 初定

当摇杆处于两极限位置时，对应的曲柄之间所夹的锐角称为极位夹角。从急回特性系数计算公式 $k = \dfrac{180° + \theta}{180° - \theta}$ 看出，极位夹角可以反映出平面连杆机构急回运动的相对程度，即工作行程与回程的时间差。极位夹角越大，急回特性就越明显，工作效率就越高。后续杆长设计采用极位夹角法，因此初定极位夹角 $\theta=30°$ 。

（三）死点位置分析

死点位置是指机构中从动件传动角为零的位置，机构处于死点位置时不能传动，因此常常被设计用于需要自锁的场合。本设计中钳口在夹紧卡箍到内圈直径最大的状态如果钳口机构自锁，装配过程的效率和安全性均能得到提高。

钳口曲柄摇杆机构中曲柄为主动件，那么在夹紧过程中是不存在死点位置的。当完成夹紧动作，卡箍内圈直径达到装配所需要的最大值，电机停止工作，此时曲柄则不再作为主动件，相反作为钳口的摇杆则会受到来自外部载荷（弹性卡箍的弹性力），从而使得摇杆作为曲柄摇杆机构中的主动件，这一瞬间如果连杆与曲柄共线，则曲柄的传动角为零，机构处于死点位置，如图 4-6 所示。也就是说，这时无论卡箍钳口承受多大的夹紧力，机构都不能动，这样就能够帮助曲柄摇杆机构保持夹紧动作，从而保证装配过程顺利、安全。

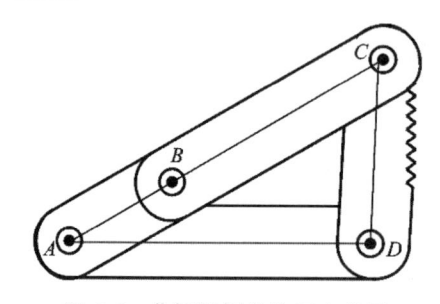

图 4-6　曲柄摇杆机构死点位置

装配完成后，启动电机转动，曲柄再一次成为主动件，从而使曲柄摇杆机构越过死点位置，继续传动，恢复到初始位置。

(四)钳口曲柄摇杆机构杆长设计

该钳口曲柄摇杆机构只需满足极位夹角和摇杆摆角的要求,因此按最长杆与最短杆长度之和等于另两杆长度之和来设计。本设计意图是针对弹性卡箍这类夹持部位成角度的零件,使得接触面接近贴合零件夹持耳部角度的一种夹具工具。故曲柄摇杆机构设计只需满足极位夹角和摇杆摆角的要求。因此采用按极位夹角 θ 设计曲柄摇杆机构。

若曲柄长度与机架长度之和等于另外两杆之和($l_1+l_4=l_2+l_3$),用 m 来表示最长杆长度 l_4,n 来表示摇杆长度 l_2,s 来表示连杆长度 l_3,a 来表示曲柄长度 l_1,且设定已知曲柄长度 a 为单位 1,即

$$m+1=n+s$$

该情况下,传动角为最小传动角 0°,只需要按照给定的极位夹角 θ 来设计。

如图 4-7 所示,当曲柄转动旋转到 AB_2 时,曲柄与连杆第一次共线(AB_2C_2),曲柄继续旋转,到达 AB_1 的位置时与连杆再次共线(AB_1C_1),则两共线间夹角 θ 即为给定的极位夹角。

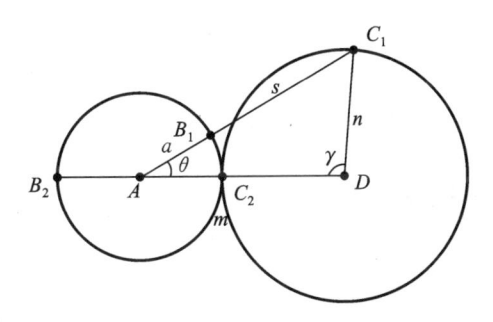

图 4-7 曲柄摇杆极位夹角和摆角

在 $\triangle C_1AD$ 中,根据余弦定理公式可得:

$$\cos\theta = \frac{m^2+(s+1)^2-n^2}{2m(s+1)} \qquad (4-1)$$

因为 $1+m=n+s$，$s=m-n+1$，将其代入式（4-1）中，可得：

$$\cos\theta = \frac{m^2 + (m-n+2)^2 - n^2}{2m(m-n+2)} \quad （4\text{-}2）$$

按设计需求摇杆摆角 $\angle C_1DC_2=\psi$。

在 $\triangle C_1DA$ 中，根据各边和所对应角的正弦之比相等，可得：

$$\frac{s+1}{\sin\psi} = \frac{n}{\sin\theta} \quad （4\text{-}3）$$

再按照设计所需钳口的开合度和关闭度要求，分别设定 θ 和 ψ 为 30°和 90°，通过式（4-1）、式（4-2）、式（4-3）联立求解，可得：

$$\frac{m-n+2}{\sin 90°} = \frac{n}{\sin 30°}$$

$$m-n+2=2n，m=3n-2$$

通过以上两式联立，且根据弹性卡箍工具设计需要设置曲柄 a 长度为 20 mm，那么单位 1 所代表长度也为 20 mm，其摇杆长度 n 为 30 mm，可得出其他杆长度：

$$m = 3\times 30 - 2\times 20 = 50(\text{mm})$$
$$s = m-n+1 = 50-30+20 = 40(\text{mm})$$

确定其曲柄摇杆各个杆件长度，曲柄长度为 20 mm，摇杆长度为 30 mm，连杆长度为 40 mm，机架长度为 50 mm。

（五）钳口曲柄摇杆机构杆件厚度确定

通过调查发现，普通弹性卡箍耳部宽度最大为 20 mm，则作为夹口的摇杆厚度设定为 10 mm。为控制曲柄摇杆机构除两个螺栓孔直线距离以外的变量，那么其他另外三根杆的厚度也取 10 mm。

（六）钳口曲柄摇杆机构死点位置受力分析

钳口处于夹紧状态即曲柄摇杆机构处于死点位置的受力分析如图 4-8 所示。

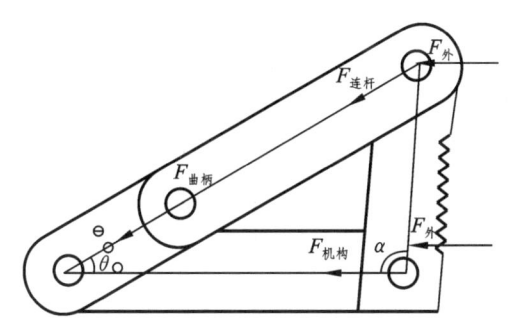

图 4-8　曲柄摇杆机构死点位置受力分析

由其曲柄的受力情况以及已经确定出的计算载荷 120 N 可以得出：

$$F_{曲柄} = F_{连杆} = \frac{F_{外}}{\cos\theta} = \frac{120\,\text{N}}{\cos 29.93°} \approx 138.47\,\text{N} \approx 138\,\text{N}$$

$$F_{机架} = F_{外} \times \cos(\alpha - 90°) = 120\,\text{N} \times \cos(93.82° - 90°) \approx 119.72\,\text{N} \approx 120\,\text{N}$$

即在死点位置，曲柄受力大小为 138 N，连杆受力大小为 138 N，摇杆受力大小为 120 N，机架受力大小为 120 N。

（七）曲柄零件结构设计

1. 曲柄零件结构、尺寸设计

根据计算得出的曲柄杆长 20 mm 和设定的厚度 10 mm，再考虑整体尺寸，曲柄宽度设定为 12 mm。

曲柄两端设计成半圆头，螺栓连接孔直径为 3.2 mm。为保证曲柄能够可靠地与舵机同步转动，在曲柄上设定 3 个与舵盘孔尺寸直径同样为 1.5 mm 的固定孔，保证曲柄转动角度与舵机、舵盘一致。曲柄零件图如图 4-9 所示。

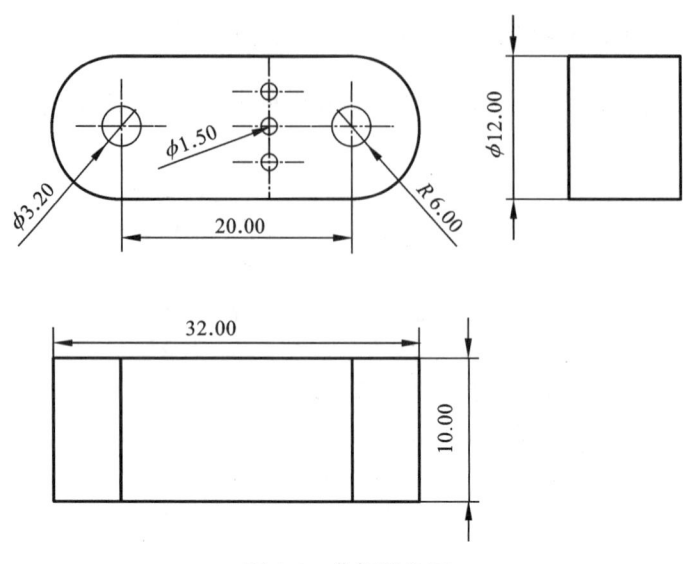

图 4-9 曲柄零件图

采用 SolidWorks 软件对曲柄零件进行 3D 建模，效果如图 4-10 所示。

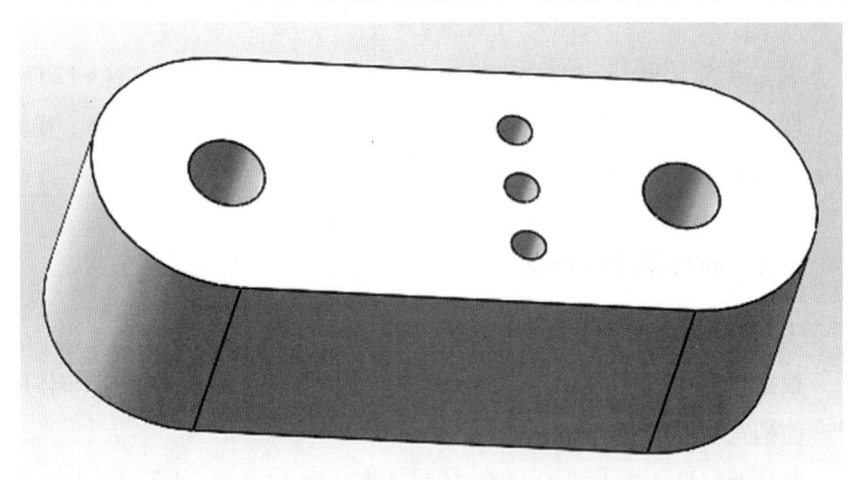

图 4-10 曲柄零件 3D 模型

2. 曲柄零件选材及强度校核

根据计算得到曲柄所受压缩载荷 W 为 138 N。如图 4-9 所示,已知曲柄尺寸,可得横截面 A 为 120 mm²。

正应力计算:

$$\sigma = \frac{W}{A} \tag{4-4}$$

得出:

$$\sigma = \frac{138}{10 \times 12} = 1.15 (\text{MPa})$$

许用应力计算:

$$[\sigma] = \sigma_{\lim} / S$$

曲柄材料选用常用材料 45 号钢,强度极限为 355 MPa。为了确保安全,安全系数 S 通过查表确认,选用 2.5 作为安全系数。

$$[\sigma] = \frac{355 \text{ MPa}}{2.5} = 142 \text{ MPa}$$

最后比较得出:

$$\sigma \leqslant [\sigma]$$

选用 45 号钢作为曲柄材料,满足强度条件。

(八)连杆零件结构设计

1. 连杆零件的结构、尺寸设计

连杆是连接曲柄与摇杆的中间件,根据计算的连杆杆长 40 mm 和设定的厚度 10 mm,再考虑整体尺寸,连杆宽度设定为 12 mm,连杆零件图如图 4-11 所示。连杆两端采用半圆头结构,直径 3.2 mm 的孔作为螺栓连接孔。

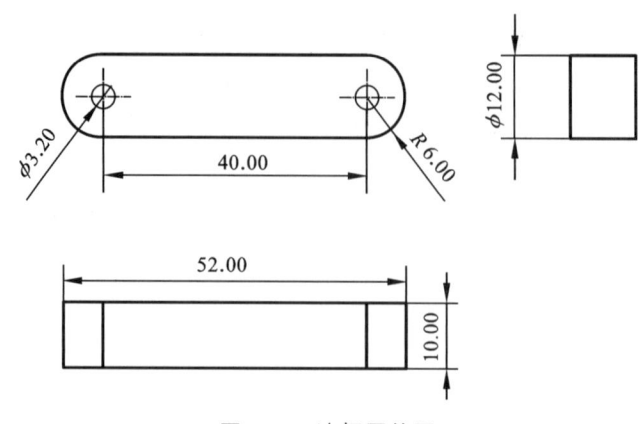

图 4-11 连杆零件图

采用 SolidWorks 软件对连杆零件进行 3D 建模，效果如图 4-12 所示。

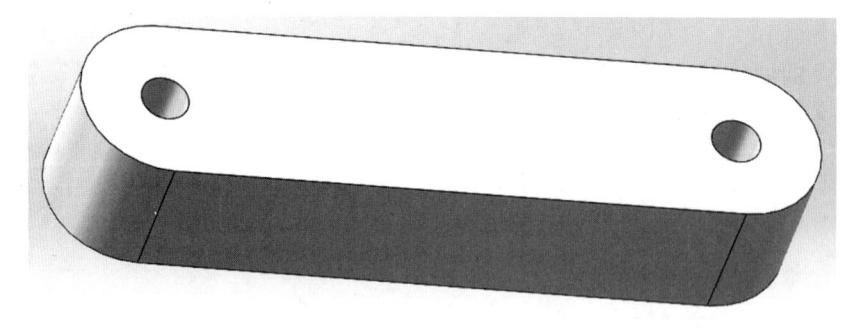

图 4-12 连杆零件 3D 模型

2. 连杆选材及强度校核

根据计算得到连杆所受压缩载荷 W 为 138 N。如图 4-11 所示，已知连杆尺寸，可得横截面 A 为 120 mm²。

正应力计算：

$$\sigma = \frac{W}{A}$$

得出：

$$\sigma = \frac{138}{10 \times 12} = 1.15 \text{(MPa)}$$

许用应力计算：

$$[\sigma] = \sigma_{\lim} / S$$

连杆材料选用常用材料 45 号钢，强度极限为 355 MPa。为了确保安全，安全系数 S 通过查表确认，选用 2.5 作为安全系数。

$$[\sigma] = \frac{355 \text{ MPa}}{2.5} = 142 \text{ MPa}$$

最后比较得出：

$$\sigma \leq [\sigma]$$

选用 45 号钢作为连杆材料，满足强度条件。

（九）摇杆零件结构设计

1. 摇杆零件的结构、尺寸设计

因为摇杆作为钳口设计，会与弹性卡箍直接接触，所以将摇杆夹持端设计成矩形，要求能使得钳口夹紧弹性卡箍耳部时更加贴合，增大挤压接触面。为增大接触摩擦，达到不易脱离的目的，在接触面上又增加一个长度为 20 mm、宽度为 10 mm 的鲨鱼齿纹面，齿纹为长度为 2 mm 的等边三角形齿纹。

根据计算得出的摇杆杆长 30 mm 和设定的厚度 10 mm，再考虑整体尺寸，摇杆宽度设定为 12 mm，摇杆零件图如图 4-13 所示。

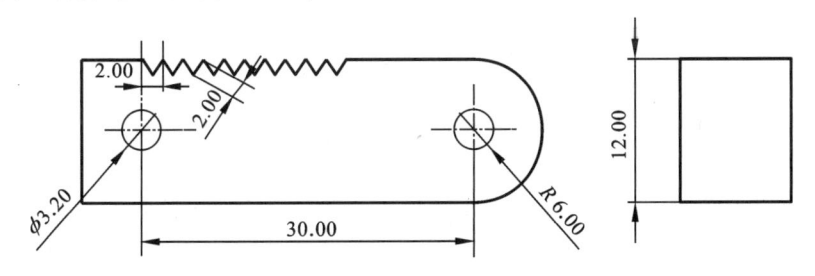

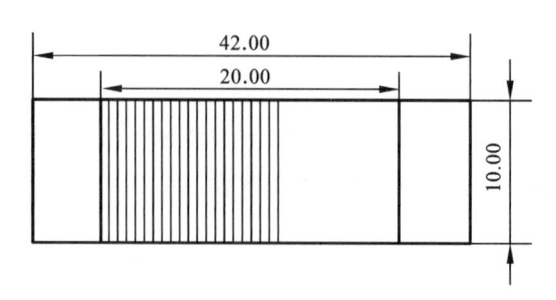

图 4-13 摇杆零件图

采用 SolidWorks 软件对摇杆零件进行 3D 建模，效果如图 4-14 所示。

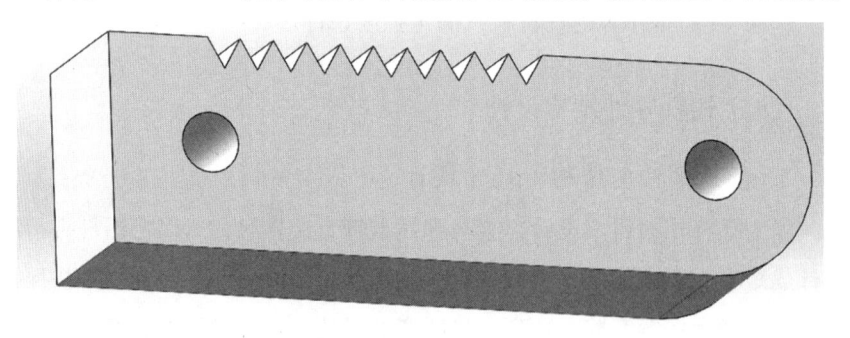

图 4-14 摇杆零件 3D 模型

2. 摇杆选材及强度校核

根据计算得到摇杆所受压缩载荷 W 为 120 N。如图 4-13 所示，已知摇杆尺寸，可得横截面 A 为 120 mm²。

正应力计算：

$$\sigma = \frac{W}{A}$$

得出：

$$\sigma = \frac{120}{10 \times 12} = 1(\text{MPa})$$

许用应力计算：

$$[\sigma] = \sigma_{\text{lim}} / S$$

摇杆材料选用常用材料 45 号钢，强度极限为 355 MPa。为了确保安全，安全系数 S 通过查表确认，选用 2.5 作为安全系数。

$$[\sigma] = \frac{355 \text{ MPa}}{2.5} = 142 \text{ MPa}$$

最后比较得出：

$$\sigma \leq [\sigma]$$

选用 45 号钢作为摇杆材料，强度条件合格。

（十）标准螺纹连接件选择

1. 曲柄与舵机盘连接螺钉选择

由于曲柄厚度为 10 mm，查阅标准后选择 M3×20 的螺钉实现曲柄与舵机盘的连接。

曲柄与舵机盘连接 3D 模型如图 4-15 所示。

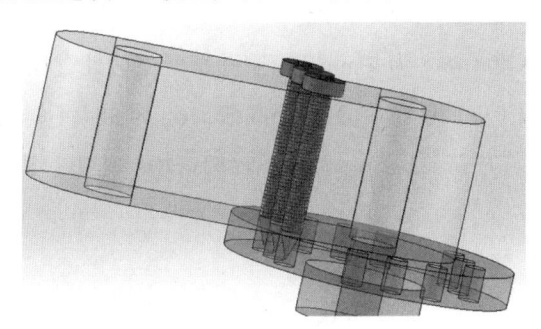

图 4-15　曲柄与舵机盘连接 3D 模型

2. 铰链螺栓标准件选择及强度校核

由于曲柄摇杆机构各构件厚度均为 10 mm，查阅标准后选择 M3×28 的螺栓组件作为铰链螺栓。

如图 4-16 所示，为保证螺栓连接强度，本设计采用铰制孔螺栓连接。铰制孔螺栓连接受横向载荷 F_s 作用时，铰制孔螺栓受到剪切作用；铰制孔螺栓、被连接件 1 和 2 均受到挤压作用，当三者材料不相同时，取三者材料中强度最弱者为计算对象。

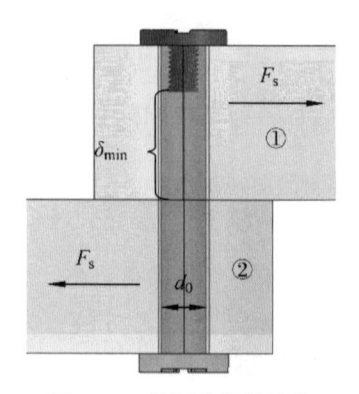

图 4-16 铰制孔螺栓连接

螺栓采用 304 不锈钢螺栓，连接件 1 和 2 都采用常用材料 45 号钢，304 不锈钢的挤压强度最弱，304 不锈钢没有明显的屈服强度，对于无明显屈服的金属材料，规定以产生 0.2%残余变形的应力值为其屈服极限，其 304 不锈钢的屈服强度大小为 205 MPa。

受挤压的高度（δ）为 7 mm，铰制孔螺丝受剪处直径（d_0）为 3 mm，铰制孔受剪面数（m）为 1，F_s 为外部载荷，σ_s 为 304 不锈钢的屈服强度，σ_{pp} 为最弱者的许用挤压应力，τ_p 为螺栓的许用切应力，取 3.5 作为安全系数。

螺栓杆与孔壁的挤压强度为

$$\sigma_p = \frac{F_s}{d_0 \delta} = \frac{138}{3 \times 7} \approx 6.58 (\mathrm{MPa})$$

螺栓螺丝的剪切强度为

$$\tau = \frac{F_s}{m \frac{\pi}{4} d_0^2} = \frac{138}{1 \times \frac{\pi}{4} \times 3^2} \approx 19.52 (\mathrm{MPa})$$

变载荷时许用挤压应力为

$$\sigma_{pp} = 0.7 \times \frac{\sigma_s}{1.25} = 0.7 \times \frac{205}{1.25} = 114.8 (\mathrm{MPa})$$

变载荷时许用切应力为

$$\tau_\mathrm{p} = \frac{\sigma_\mathrm{s}}{3.5} = \frac{205}{3.5} \approx 58.57 (\mathrm{MPa})$$

通过比较得出，$\sigma_\mathrm{p} < \sigma_\mathrm{pp}$，$\tau < \tau_\mathrm{p}$，该螺栓组件满足强度要求。

（十一）钳口曲柄摇杆机构状态位置分析

1. 初始位置（钳口张开状态）

C 汽车制造企业采用的弹性卡箍耳部夹角分别为 75°和 80°，为保证设计卡箍钳在企业的通用性，将初始位置的钳口夹角设计为 80°。为满足设计需求，使得弹性卡箍的耳部更加贴合钳口角度，将摇杆与 X 轴角度设定为 50°，此时为曲柄摇杆机构的初始位置，也是夹持动作的准备位置，如图 4-17 所示。此时的摇杆与 X 轴的角度成 50°（与 Y 轴成 40°）。

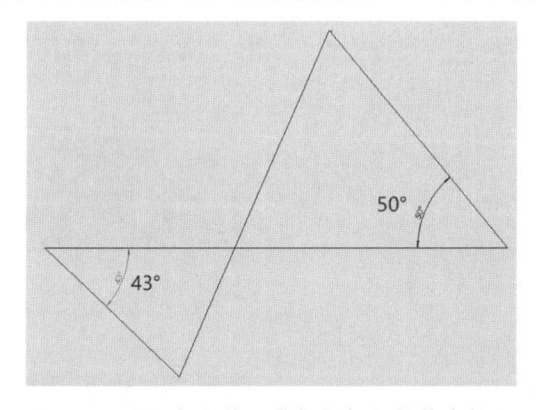

图 4-17 钳口初始位置曲柄摇杆机构状态简图

在 SolidWorks 软件环境中调整摇杆的位置，使其满足初始位置状态，即摇杆与 X 轴夹角成 50°，此时按照设计杆长，可求出初始位置曲柄与 X 轴的夹角为–43°，如图 4-18 所示。

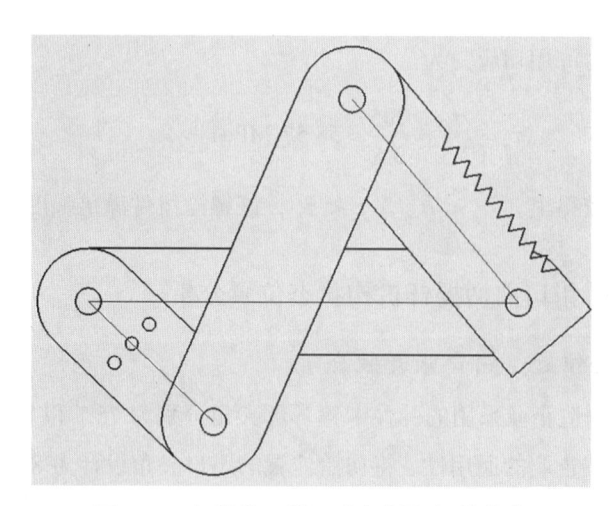

图 4-18 初始位置钳口曲柄摇杆机构状态

2. 工作位置（钳口夹紧状态）

根据之前对钳口曲柄摇杆机构设计中的自锁要求，在卡箍钳工作位置，曲柄和连杆处在共线，为死点位置。工作位置曲柄摇杆机构的状态如图 4-19 所示。

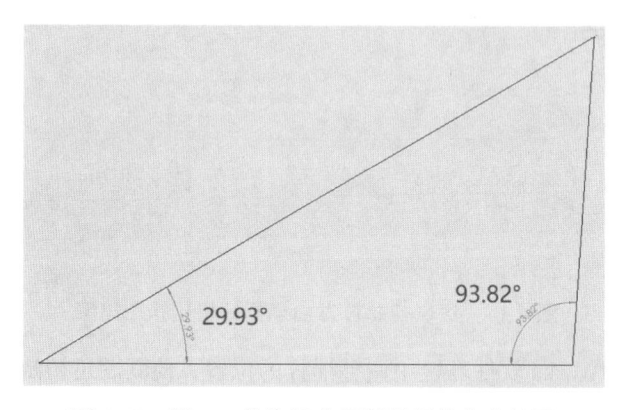

图 4-19 钳口工作位置曲柄摇杆机构状态简图

在 SolidWorks 软件环境中调整曲柄的位置，使其满足工作位置状态，即曲柄与连杆共线，此时按照设计杆长，可求出工作位置曲柄与 X 轴的夹角为 29.93°，如图 4-20 所示。

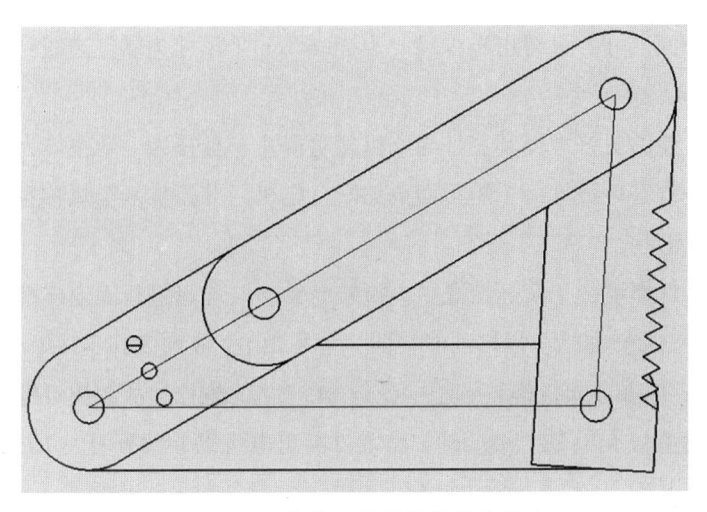

图 4-20　工作位置曲柄摇杆机构状态

钳口夹紧的位置就是工作位置，要求此时的曲柄摇杆机构处于死点位置（此时舵机停止工作，摇杆受弹性力为主动件），利用死点位置来保持工作位置，此时工作位置结构稳定，不会造成回程。如图 4-19 所示，此时摇杆与 X 轴的角度为 93.82°，曲柄与 X 轴的角度为 29.93°。

通过 SolidWorks 软件中建立的装配体转化为工程图，测量最后可以确定出曲柄的摆动角度变化大小（初始位置-工作位置）为 72.93°，也就是曲柄的行程角度为 72.93°。而摇杆随主动件曲柄摆动角度变化大小为 43.82°。

三、机架结构设计

1. 机架的结构、尺寸设计

机架长度应按照极位夹角 θ 设计曲柄摇杆机构中的余弦定理得出机架尺寸长度，取 50 mm，以达到固定的作用。

但是按照设计需求，机架尺寸的一部分会被电机长度尺寸取代，然后根据电机转轴到电机边缘面尺寸，机架零件尺寸为 50 mm 减去电机转轴到电机边缘面尺寸，可得出零件尺寸为 20.6 mm（尺寸为零件边线到螺栓孔中点距离）。

为了能够更好地使其零件与电机相对静止，且视为一个整体为 50 mm 的机架，将零件设计一个矩形面更加贴合电机，并添加两个对称且直径为 4 mm 的固定孔。

该零件厚度由于实际情况中电机转动轴会与舵盘进行固定连接，存在一定高度，为使曲柄与摇杆面能在同一个平面上，故增大其零件厚度 7 mm（高度），但在连接件螺钉选型中没有 M3×27 的螺栓，故选接近螺母杆长 28 mm 的型号 M3×28。最后确定将零件突出电机以外部分增大 1 mm 厚度（高度）。

根据使用要求设计出的机架零件图如图 4-21 所示。

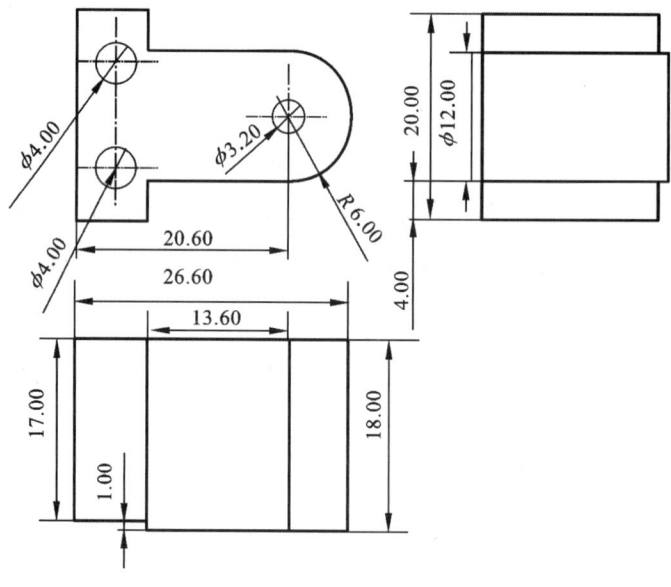

图 4-21 机架零件图

采用 SolidWorks 软件对摇杆零件进行 3D 建模，效果如图 4-22 所示。机架与钳身的连接模型如图 4-23 所示。

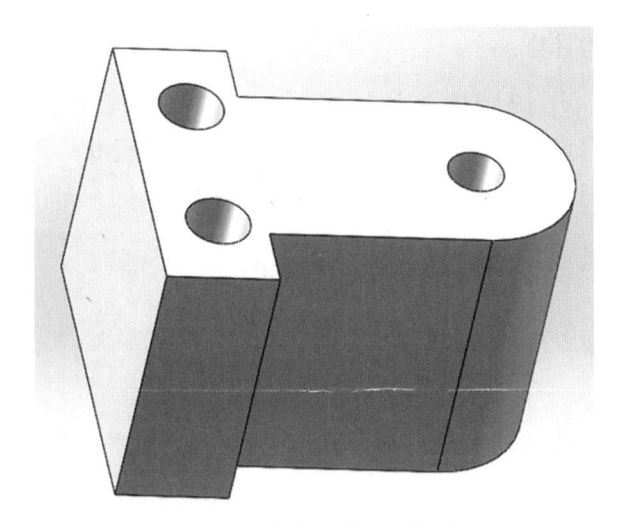

图 4-22 机架零件 3D 模型

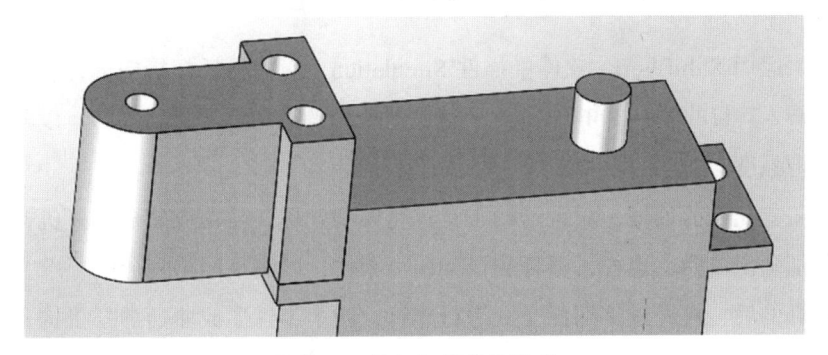

图 4-23 机架与钳身的连接

2. 机架的选材及强度校核

根据计算得到机架所受压缩载荷为 W 为 120 N。如图 4-21 所示,已知机架尺寸,可得横截面 A 为 216 mm²。

正应力计算:

$$\sigma = \frac{W}{A}$$

得出:

$$\sigma = \frac{120}{18 \times 12} \approx 0.56 (\mathrm{MPa})$$

111

许用应力计算：

$$[\sigma] = \sigma_{\lim} / S$$

机架材料选用常用材料 45 号钢，强度极限为 355 MPa。为了确保安全，安全系数 S 通过查表确认，选用 2.5 作为安全系数。

$$[\sigma] = \frac{355 \text{ MPa}}{2.5} = 142 \text{ MPa}$$

最后比较得出：

$$\sigma \leq [\sigma]$$

选用 45 号钢作为机架材料，满足强度条件。

四、钳口曲柄摇杆机构静应力分析

运用 SolidWorks 软件中插件 Simulation，对曲柄摇杆机构进行静应力分析，其目的是在 SolidWorks 环境中对机构的应力情况进行模拟，以校核机构强度。

首先是前处理，对设计的工具进行模型处理，简化成曲柄摇杆机构，分别画出曲柄、连杆、摇杆和机架四个零件，以满足网格划分的要求。新建算例后，再通过零部件交互进行连接，四个零件形成曲柄摇杆机构，零件统一选用 45 号钢材料来添加材料属性，再将机架固定，然后按照卡箍夹紧力范围，设置大小为 120N 的外部载荷作用在摇杆面上，完成定义约束和载荷。最后选用合适网格大小与精度完成网格划分。接下来进行求解，然后是后处理，得到运行完成后的结果，如图 4-24 所示。

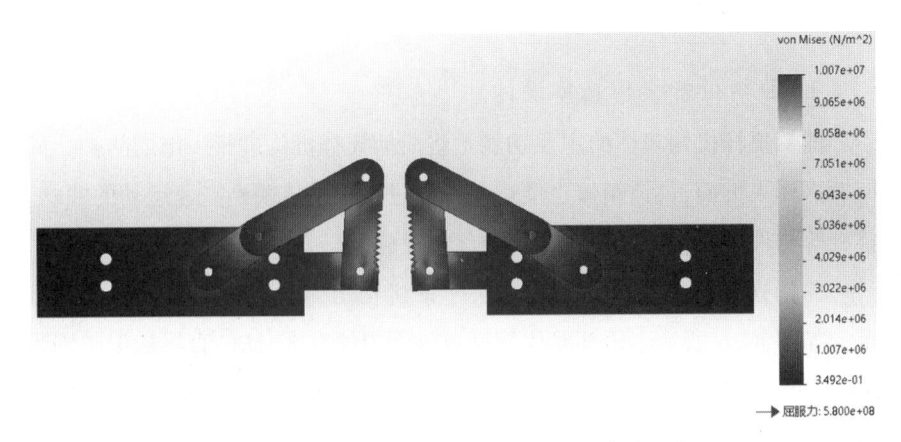

第四章 汽车流水线弹性卡箍电动分装工具改进

图 4-24 SolidWorks 环境中机构的静应力分析

模拟显示整个机构中最大的应力值为 1.007e+1（1.007×10 N/mm²），如图 4-25 所示；最小应力值为 3.492e⁻⁷（3.492×10⁻⁷ N/mm²）。45 号钢材料的屈服应力为 5.800e+2（5.800×10² N/mm²）。与机构最大应力的比值超过 50，远大于安全系数要求。进一步论证了钳口曲柄摇杆机构满足强度条件。

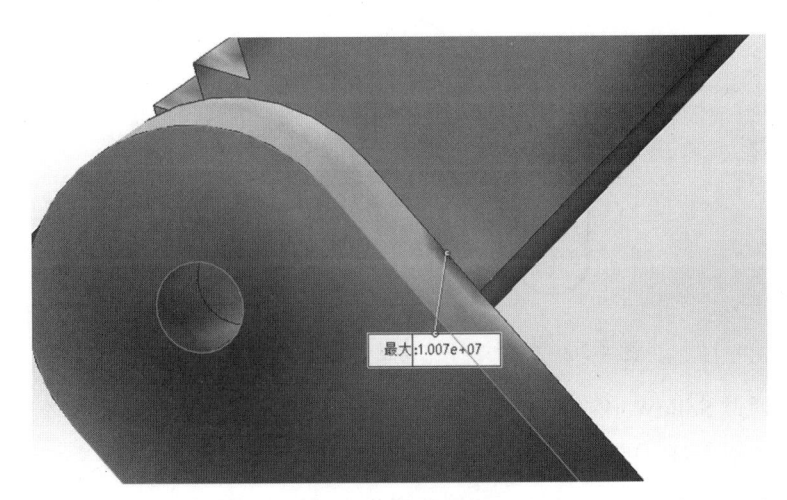

图 4-25 曲柄摇杆机构最大应力位置

113

五、箱体设计

1. 曲柄摇杆机构箱体设计

曲柄摇杆机构箱体的主要功能是将曲柄摇杆机构进行一定的防护，同时对操作人员而言，该箱体也能避免操作过程中手接触到高速运动的曲柄、连杆等构件而受伤，是卡箍钳中的保护设施。

曲柄摇杆机构箱体的尺寸取决于该机构工作过程中的最大长度和宽度。如图 4-26 所示，顶部箱体宽度应加上前端宽度 ABC 直线长度，因为 AB 为曲柄两个螺栓孔之间的距离，则 AB 长度为 20 mm，而 BC 为曲柄外圆半径，长度为 6 mm。舵机的宽度为 19.9 mm，又因为舵机位置处于正中间，且曲柄其中一个螺栓孔与舵机转轴齿轮同心，所以顶部箱体得加上舵机宽度的一半距离，所知数据全部长度和为 35.95 mm，又考虑会与其他件连接，再加上与舵机间隔的厚度为 7 mm，前端厚度取 2 mm，即顶部壳宽度取 46 mm。因顶部壳不需要在摇杆一侧添加保护壁，故长度尺寸不必太精确，就此位置取舵机长度 54 mm 作为顶部壳的长度尺寸。

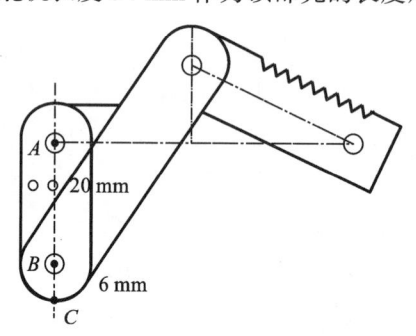

图 4-26 曲柄摇杆机构工作过程中的最大宽度

通过 SolidWorks 建出 3D 模型，测出舵机面至连杆最高面和螺栓厚度，加上给定余量，即可确定出顶部箱体的高度。

如图 4-27 所示，已知参数螺栓螺母头部厚度为 1.2 mm，连杆厚度为 10 mm，摇杆厚度为 10 mm，机架零件与机架连接出厚度（尾部）为 17 mm，舵机固定面厚度为 2.5 mm，计算求出螺栓至舵机面的高度：

$$1.2 \text{ mm}+10 \text{ mm}+10 \text{ mm}+17 \text{ mm}+2.5 \text{ mm}=40.7 \text{ mm}$$

为方便设计，则顶部箱体高度为 42.5 mm。顶部箱体上部分厚度取 5 mm，下部分厚度取 2.5 mm。顶部箱体尺寸如图 4-28 所示。

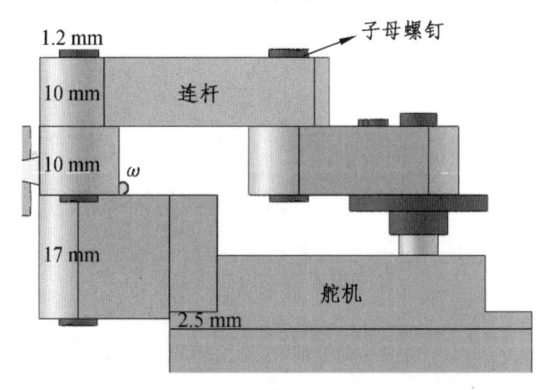

图 4-27　曲柄摇杆机构箱体高度确定

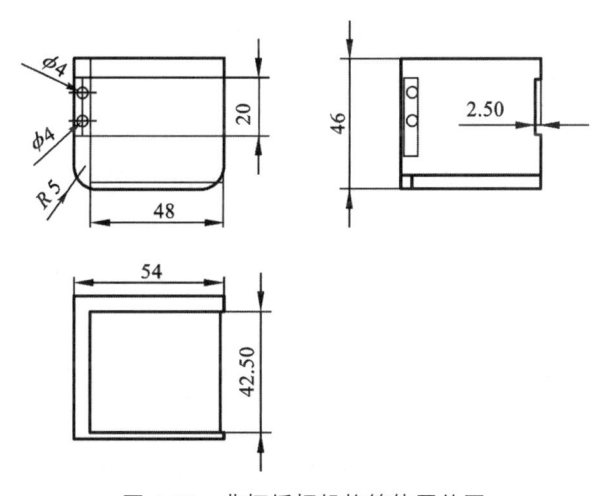

图 4-28　曲柄摇杆机构箱体零件图

采用 SolidWorks 软件对曲柄摇杆机构箱体与钳身连接进行 3D 建模，效果如图 4-29 所示。

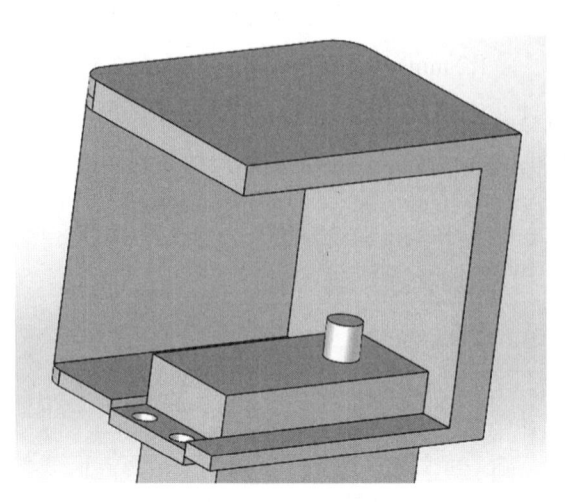

图 4-29 曲柄摇杆机构箱体与钳身连接 3D 模型

2. 舵机箱体设计

舵机外壳会与舵机和顶部箱体连接，即将舵机外壳长和宽的尺寸选取与顶部箱体尺寸相同，能保证整个箱体在一个平面，使其光滑平整，即舵机外壳的长度取 54 mm，宽度取 46 mm。

舵机箱体的功能除了容纳舵机外，还必须能固定舵机的空间位置，同时还能对舵机起到保护作用。舵机箱体的尺寸除了跟曲柄摇杆机构箱体匹配外，其空间要求能容纳舵机。因此舵机外壳的高度只要能够达到装进舵机，并与其舵机固定面贴合且固定即可。由于舵机固定面至最下端面高度为 29.25 mm，取 35 mm 高度，则高度差 5.75 mm 为舵机外壳底部至舵机槽底面的厚度。底部设计为高度为 10 mm，上底边为 10 mm，下底边为 20 mm 的 V 形槽，能通过箱体滑动达到调整舵机位置的目的。舵机箱体零件图如图 4-30 所示。

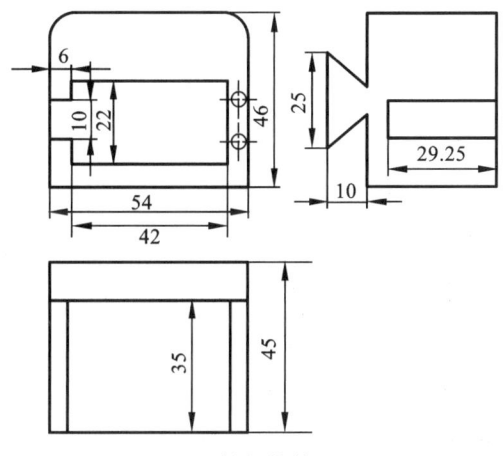

图 4-30　舵机箱体零件图

采用 SolidWorks 软件对舵机进行 3D 建模，效果如图 4-31 所示。

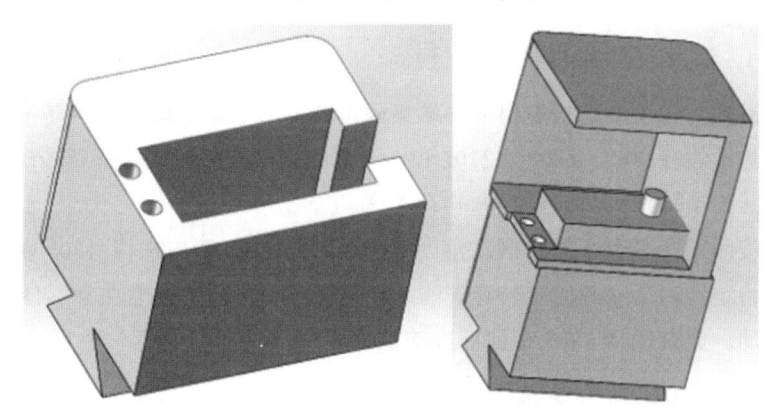

图 4-31　舵机箱体 3D 模型

舵机箱体底部 V 形槽 3D 模型如图 4-32 所示。

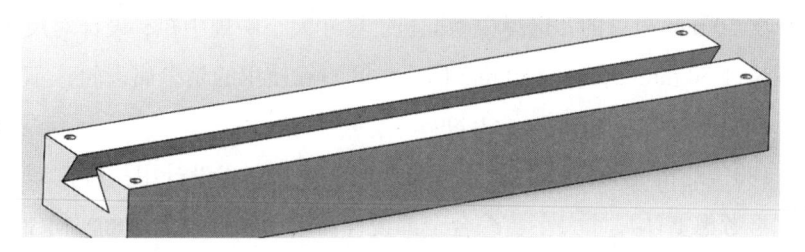

图 4-32　舵机箱体底部 V 形槽 3D 模型

六、舵机选择

（一）舵机在分装工具中的使用优势

设计需要曲柄进行角度转动，并带动摇杆摆动。而舵机是一种位置（角度）伺服的驱动器，能够精确地旋转一定的角度，帮助设计中曲柄的摆动角度变化，同时也能作为保持位置的控制系统，能很好地简化传动机构，因此选用舵机来帮助完成设计需要。

设计中需要通过两个舵机分别正反转驱动曲柄，使摇杆摆动形成夹角，利用其夹角的变换来完成弹性卡箍的夹持。

（二）舵机的参数选择

1. 最大旋转角度要求

最大旋转角度是指舵机从一端极限位置到另一端极限位置所转过的角度，常见的有 90°、180°、270° 和 360°。但是 360° 舵机做整周转动，因此不能控制转角，只能够控制转动速度。

按照设计需求，曲柄摆动角度大小为 72.87°，所以选择 180° 舵机，能够给定转动角度和固定转速，满足设计需求，转动角度能在 0°~180° 之间运动。此处选择 180° 金属标准舵机。

2. 尺寸及动力要求

舵机主要分为小型航模舵机、中型舵机、大扭力舵机和高性能舵机等。

按照设计曲柄摇杆机构中机架部分采用电机与零件相对固定来达到机架长度 50 mm 为目的，选择中型舵机，尺寸大小中规中矩，设计对尺寸需求不超过 50 mm×50 mm×50 mm 即可。其一般使用的是金属齿轮，不易磨损，常用舵机有：MG995、MG996。

180° 舵机能够完成给定的转动角度，帮助完成设计中摇杆摆动的问题，再考虑整体尺寸大小，综合全部设计需求，最终选用 180° MG996R 舵机（见图 4-33）。

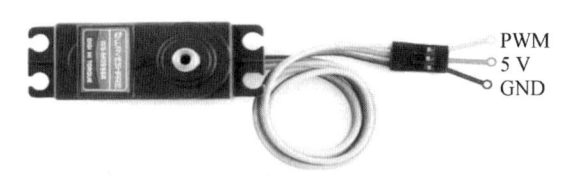

图 4-33　180°MG996R 舵机

七、电动卡箍钳的三维建模

机构零件设计完成后在 SolidWorks 环境中进行装配，结果如图 4-34 所示，同时为了表达卡箍钳的内部结构，进行了爆炸视图的制作。

整个拆卸过程以曲柄摇杆机构为固定机构，分别将滑轨从右至左拆卸，使滑轨沿滑动轨迹拆出，再将固定螺栓分别沿上下拆出，最后将底部箱体和舵机从上至下拆卸，使舵机由上至下脱离出整体。拆卸出的主要是滑轨、舵机外部壳、舵机和连接件，爆炸图如图 4-34 所示。

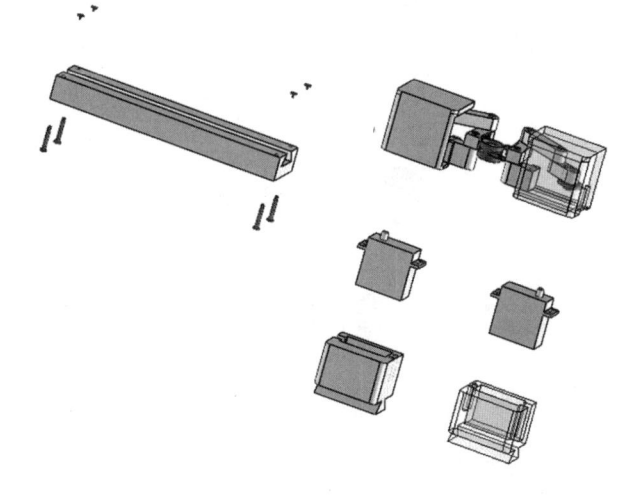

图 4-34　箱体部分爆炸视图

119

就曲柄摇杆机构而言,由于其放置在曲柄摇杆箱体内,所以先将顶部箱体分别向曲柄摇杆部分的两边拆卸出来,再将固定曲柄摇杆的连接螺栓和固定螺丝由下至上拆卸出来,然后将曲柄摇杆由下至上拆分成 6 根杆件,由上至下拆分成 2 根杆件,最后将舵盘、曲柄和弹性卡箍脱离分开。拆卸的曲柄摇杆部分主要包括曲柄摇杆各杆件、螺栓、舵盘和弹性卡箍,爆炸图如图 4-35 所示。

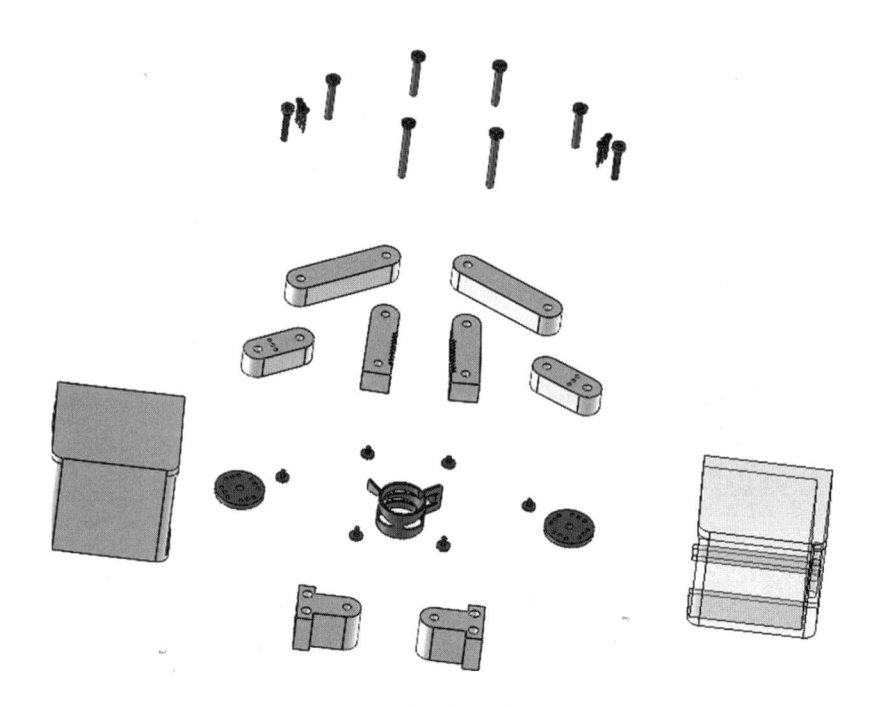

图 4-35　曲柄摇杆机构爆炸视图

至此,汽车生产线弹性卡箍电动分装工具设计完成。

第四节　实践创新意义

汽车流水线电动弹性卡箍自动分装工具设计项目是非常典型的通过工装夹具设计提升制造企业生产效率和保障生产安全的实例。可喜的是同学们自己在汽车制造企业进行生产实习时发现了弹性卡箍安装工序存在的问题，并意识到该工序的速度滞后给整条生产线带来的负面影响；同时也在生产现场感受到了工人在操作过程中面临的安全隐患。

经过分析，安装速度不能保证的主要原因在于操作工人每天反复多次用力压紧弹性卡箍耳部造成的手部乏力。因此工作时间越长，安装速度越低。解决问题的思路相对比较简单，将手动工具改进为电动工具，从而避免弹性卡箍安装工序受到操作工人体力缺乏的影响。针对承载要求和夹具运动自锁的要求，同学们巧妙地采用了曲柄摇杆机构，利用死点位置确保安装过程中弹性卡箍始终处于最大直径位置，这是将理论知识用于解决实际问题的很好范例。

第五章　马铃薯颗粒全粉加工工艺改进研究

第一节　凉山地区开发马铃薯全粉产品的必要性

一、马铃薯全粉的特性及应用

1. 马铃薯全粉的特性

马铃薯全粉是以干物质含量高的马铃薯为原料，经过清洗、去皮、切片、漂烫、冷却、蒸煮、混合、调质、干燥、筛分等多道工序制成的，为含水率在10%以下的粉状料。由于在加工过程中采用了回填、调质、微波烘干等先进的工艺，最大限度地保护了马铃薯果肉的组织细胞不被破坏，可使复水后的马铃薯具有鲜马铃薯特有的香气、风味、口感和营养价值。

由于脱水干燥工艺不同，马铃薯全粉的名称、性质、使用有较大差异，主要分为三种：以热气流干燥工艺生产的，成品主要以马铃薯细胞单体颗粒或数个细胞的聚合体形态存在的粉末状马铃薯全粉，称之为马铃薯颗粒全粉，简称"颗粒粉"；以滚筒干燥工艺生产的，厚度为 0.1~0.25 mm、片径为 3~10 mm 大小的不规则片屑状马铃薯全粉，因其外观形如雪花，因此称之为马铃薯雪花全粉，简称"雪花粉"；采用脱水马铃薯制品经粉碎而得到的粉末状马铃薯全粉，称之为细粉。马铃薯颗粒全粉和马铃薯雪花全粉是两种主要的产品，应用最为广泛。

马铃薯全粉和淀粉是两种截然不同的制品，其根本区别在于：前者在加工中没有破坏植物细胞，基本上保持了细胞壁的完整性，虽经干燥脱水，但一经适当比例的水复水,即可重新获得新鲜的马铃薯泥,制品仍然保持了马铃薯天然的风味及固有的营养价值。而淀粉却是在破坏了马铃薯的植物细胞后提取出来的,制品不再具有很多鲜马铃薯的风味和其他营养价值。

马铃薯全粉脂肪含量很低,营养丰富、全面,而且搭配合理,符合当今"低脂肪、高纤维"的消费时尚。马铃薯全粉是马铃薯食品深加工的基础,主要用于两方面:一是作为添加剂使用,如焙烤面食中添加,可改善产品的品质,在某些食品中添加马铃薯全粉可增加黏度等;另一方面马铃薯全粉水分含量低,能够较长时间保存,且保持了新鲜马铃薯的营养和风味,是一种优质的食品原料,可冲调马铃薯泥、制作马铃薯脆片等风味和强化食品,在如今的食品工业中广泛用于制作复合薯片、坯料、薯泥、糕点、膨化食品、蛋黄酱、面包、汉堡、冷冻食品、鱼饵、焙烤食品、冰激凌及中老年营养粉等食品。用马铃薯全粉可加工出许多方便食品,它的可加工性优于鲜马铃薯原料,可制成各种形状,可添加各种调味料和营养成分,制成各种休闲食品。如复合马铃薯薯片就是一种以马铃薯全粉为主要原料生产的薄片,已成为风靡世界的一种休闲食品。

2. 马铃薯全粉的应用

马铃薯全粉是马铃薯食品工业的基础产品。利用马铃薯全粉可以开发出许多各具特色深受人们喜爱的马铃薯食品,如:

(1)各色风味的方便土豆泥。

(2)油炸马铃薯条,现炸现卖、外脆里香、风味极佳。

(3)速冻马铃薯条食品,用微波炉烘烤或过油后,供家庭或餐馆食用。

(4)复合薯片:目前国外品牌占国内市场统治地位,所用马铃薯全粉还依赖进口。

(5)各种形状、各色风味的休闲食品:目前全国有上百家生产厂家,过去大部分用小麦粉、玉米粉、木薯粉等作原料。近年来,为了提高产品质量和档次,纷纷改用马铃薯全粉作原料,对马铃薯全粉的需求量正迅速扩大。

（6）婴儿食品：到目前为止，我国婴儿食品的主要原料是大米。用马铃薯全粉配制婴儿食品有其独特的优点，有待于开发。

（7）鱼饵配料：用马铃薯全粉做鱼饵配料，香味浓郁、上钩快而多。

（8）焙烘食品（如面包、糕点、饼干等）的添加剂和即食汤料增稠剂：王春香利用马铃薯全粉和小麦粉的混粉制作马铃薯方便面，结果表明，在马铃薯全粉的添加量达到35%时，马铃薯方便面具有较好品质。郑捷、胡爱军研究了马铃薯全粉对面包的水分、酸度、比体积和感官品质的影响。结果表明，提高马铃薯全粉添加量，可使面包成品的含水量相应增大，对面包酸度影响不大。当马铃薯全粉添加量在5%~15%时，对面包的体积不产生抑制作用；当添加量高于15%后，面包的比体积随着马铃薯全粉添加量的增大而明显减小。

（9）军队战略储备物资：由于马铃薯全粉使用方便、保存期长、营养丰富、消化吸收率与其他食物相比较高。欧美各国大都将其作为战略储备物资，以满足紧急情况下的需要。

用马铃薯全粉代替一部分淀粉，添加到饼干、面包中，目前在国外已得到了广泛的应用。面包中添加马铃薯全粉，可以防止老化而延长保存期；饼干中添加马铃薯全粉，会比添加淀粉具有更丰富更好的营养成分。在某些国家，人们常食用的饼干中就是添加了大量的马铃薯粉，以补充由于他们只吃饼干而不吃蔬菜导致的营养缺乏。除了马铃薯粉可以作为填充料外，在国外还有一种方便汤中也普遍应用马铃薯全粉。正是由于马铃薯全粉在马铃薯食品加工中的重要作用，国外许多国家都有专门的工厂生产加工马铃薯全粉，实现了马铃薯全粉加工的产业化，并且产品直接出口，创造了更多的经济效益。

膨化制品近几年来发展很快，是具有销售优势的一种人们喜食的品种。它是由薯粉与其他配料按一定的比例混合后进行膨化而制得的各种形状的食品。由于膨化食品松脆，易消化，所以深受人们的欢迎，尤其是儿童。肖莲荣以马铃薯雪花全粉和颗粒全粉为基料，对马铃薯挤压膨化食品进行了研究；确定了大米、玉米、小麦淀粉是马铃薯全粉最佳的共挤压谷物原料，最佳配比是：淀粉10%、大米粉30%、玉米粉15%、马铃薯雪花全粉28%。含高蛋白、多维生素等的马铃薯强化制品，主要用于儿童的膳食中，同时也可适用于老年人、某些病人及特殊需要某种营养的人群。

二、国内外马铃薯全粉加工生产现状和发展趋势

国际上一些发达国家利用马铃薯作为原料加工而成的各种产品已达数千种，并在发展过程中逐步形成了许多以马铃薯加工工业为主体的集团企业。马铃薯全粉的加工是在第二次世界大战之后发展起来的，目前马铃薯全粉在欧美国家已有大量生产，并在食品加工等领域得到了广泛的应用。

马铃薯全粉是马铃薯加工食品中不可缺少的中间原料，由于它能够长期保存且能够保持马铃薯的风味，便于制作各种食品，因此，它作为马铃薯深加工的基本产品将会得到迅速发展。对于我国来说，生产技术和加工设备的解决是开发马铃薯全粉的关键所在。随着我国人民生活水平的不断提高，人们直接鲜食马铃薯的数量逐步减少，而对食品的风味、营养性提出了更高的要求。特别是随着儿童小食品、餐饮业、西餐业及食品工业的发展，人们对马铃薯全粉的加工有了一定认识，消耗量逐渐增加，国内对马铃薯全粉的需求量也同样扩大。如某品牌的土豆泥、薯片、各色膨化食品等在市场上非常畅销，而生产这些食品的基础原料均离不开马铃薯全粉。随着国家扩大内需、启动消费政策的效果逐步显现，马铃薯深加工产品的市场前景看好。

有关研究发现，一般以干物质含量高、薯肉白、还原糖含量低、龙葵素含量少、多酚氧化酶含量低、贮藏期短及无病害的原料为佳。挑选好的物料经流送槽输送到鼓风式清洗机清洗，然后用碱液去皮、切片切丝（切片厚度8~10 mm），再经带式蒸煮机（98~102℃，15~35 min）蒸煮，搅拌机打浆成泥，经隧道式干燥机干燥、粉碎筛选机粉碎筛选为佳。其中，打

浆成泥、干燥及粉碎是关键工艺。

我国现有全粉加工能力远远满足不了急剧增长的市场需求，大部分仍需要进口。马铃薯全粉生产的原料资源丰富，产品的市场容量大，投资风险小，投资回收期较短，极大地吸引了国内外资本流向，一批马铃薯全粉加工筹备项目正以较快的步伐迅速发展。有关资料显示，已竣工投产或试产的全粉设计生产规模约 1.5 万吨；正在开工建设或扩建改造的全粉设计生产规模约 3 万吨，中外各单位正在开展立项、招商和筹建的全粉设计生产规模约 5 万吨。预计我国几年内马铃薯全粉生产能力将达到 5 万吨。5~10 年内可望突破 10 万吨，原料需求 60 万吨以上。

马铃薯全粉属于脱水制品，但具有特殊的工艺和作用。正是由于全粉保持了马铃薯天然的风味及固有的营养价值，欧美各国积极致力于研究马铃薯的加工方式，开发马铃薯全粉产品，并迅速给予推广。在国外种类繁多的马铃薯加工食品中，马铃薯全粉得到了广泛和大量的应用，成为食品加工业中的一种新型的重要原料。目前，马铃薯全粉加工比较发达的国家有美国、德国、荷兰、法国。许多国家还把马铃薯开发成减肥食品。1988 年，法国在全球成立了第一家马铃薯减肥健美餐厅。目前这类餐厅仅在法国就有 70 家。1989 年，意大利、西班牙、加拿大等国也先后创建了 30 多家，使马铃薯的经济效益提高了几倍，甚至几十倍。

近年来，国际市场上的马铃薯全粉价格一直稳定。颗粒全粉的售价在国际上要比雪花全粉高 10%~20%。据调查，国际市场上马铃薯颗粒全粉的离岸价约为 1 100 美元/t，马铃薯雪花全粉约为 1 000 美元/t，加上欧美各国海运到东南亚的运费，到岸价约为 1 300 美元/t，再加上海关税、增值税、其他费用及经营公司利润，进口全粉的国内售价为 2 万~2.4 万元/t。

据统计，我国每年至少有 10%~15%的马铃薯因不良储运管理及病理造成腐烂，经济损失之巨大难以估量。马铃薯全粉加工中，鲜薯与全粉比约 6∶1，就地生产可从根本上解决储藏和运输造成的损失。因此，马铃薯全粉生产是综合开发利用我国巨大马铃薯资源的有效途径。

三、四川凉山彝族自治州马铃薯全粉产品开发的必要性

据统计，10年前在中国的592个国家贫困县中，有549个县适合种植马铃薯，马铃薯在这些地区的生产和效益明显优于其他粮食作物。因为马铃薯在为当地居民提供基本口粮的同时，也可销往外地取得较好的经济效益；同时通过发展加工业，还可把增值效益留在当地，不仅可以使农民增收，而且还能够促进城镇化的发展，这非常符合国家推动中西部经济发展和小城镇发展战略。

四川凉山彝族自治州地处我国西南山区，地理及气候条件适合马铃薯生长。居住在大山深处的彝族人民世代以马铃薯为主粮，繁衍生息。然而由于鲜马铃薯质量大且不易储存，山区农户很难在储存期内将其销售，造成大量马铃薯腐烂在家中。这一现象不仅带来了巨大浪费，而且给生态环境带来负面影响。因此在交通条件相对受限、经济欠发达的凉山彝族自治州，需要就地对马铃薯进行深加工，才能避免马铃薯产业发展受到交通、储存条件的限制，并最大限度地提升马铃薯产品的价值，这无疑是实现乡村振兴的有效途径。

在凉山彝族自治州马铃薯产量大的乡村就地进行马铃薯全粉加工，前景不可限量。主要原因如下：

（1）可设计在收获3个月内完成所有鲜马铃薯的加工，避免因储存时间过长，马铃薯腐烂造成的经济损失。

（2）在马铃薯产地就地进行马铃薯全粉加工，从而减轻运输压力。马铃薯全粉产品与鲜马铃薯相比，质量只有1/5，极大地节约了运输成本。

（3）通过深加工，有效地延长了马铃薯的产业链，提升了马铃薯产品的价值。

（4）马铃薯全粉加工企业可以提供就业机会，解决大量农村剩余劳动力，为广大农村家庭增收提供机会。

同时针对现有的马铃薯全粉生产工艺，在经济相对落后的山区进行全

粉生产存在以下问题：

（1）马铃薯全粉生产工艺过于复杂，建立相应生产线所需设备多，前期投入较大。

（2）针对凉山地区马铃薯特性，工艺参数不明确，需要对工艺参数进行优化，以确保马铃薯全粉产品质量。

通过以上分析可以清楚地看到，以马铃薯全粉产品带动马铃薯深加工产业的发展，是提升地方经济、促进乡村振兴的有效举措。但同时必须解决马铃薯全粉生产工艺复杂以及生产工艺对原材料针对性不强的矛盾。为促进马铃薯深加工产业在凉山地区落地生根，必须对现有的、通用的马铃薯全粉加工工艺进行简化和改进，并针对凉山地区的鲜马铃薯品种研究出最优工艺参数，以保证生产效率和产品质量。这是非常典型的通过工艺改进促进制造业高质量发展的举措。

第二节 马铃薯颗粒全粉与雪花全粉通用生产工艺简介

一、马铃薯颗粒全粉通用生产工艺

马铃薯颗粒全粉是将马铃薯经过清洗、去皮、蒸煮后经过干燥而得到的细小颗粒状产品。这种形状是在工艺过程中，特别是在回填拌粉制粒、干燥等阶段逐步形成的。其加工原则是：马铃薯的营养价值不应在加工过程中受到过多破坏，特别是尽量避免细胞受到损害，使天然营养价值和化学成分应尽可能保留。为了减少细胞破裂，在颗粒全粉加工过程中，特别是拌粉制粒工序中，设备对马铃薯的机械动作应特别圆滑、轻柔，避免机械硬性地操作加工（如强力挤压等）。这需要多道相对复杂的工序完成。目前，国外主流生产工艺是采用回填法。其工艺流程如图 5-1 所示。

第五章 马铃薯颗粒全粉加工工艺改进研究

马铃薯 → 去石除杂 → 清洗 → 去皮 → 分离 → 修整 → 切片 → 漂洗 → 预煮 → 冷却 → 蒸煮 → 回填拌粉 → 调质 → 一级干燥 → 筛分 → 二级干燥 → 成品 → 包装

图 5-1 马铃薯颗粒全粉回填法工艺流程

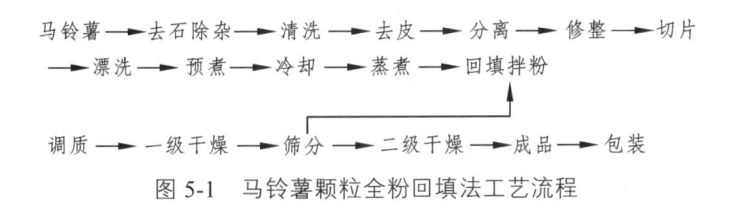

二、马铃薯雪花全粉通用生产工艺

马铃薯雪花全粉是马铃薯经去皮、切片、蒸煮等工序后，采用挤出机制泥，然后被输送到滚筒干燥机将挤成糊状的物料干燥，最后再破碎、分装，得到的薄片状产品。其工艺设备相对简单，工艺过程如图 5-2 所示。

马铃薯原料 → 去石清洗 → 蒸汽去皮 → 毛刷去皮 → 修整 → 切片 → 漂洗 → 预煮 → 冷却 → 蒸煮 → 制泥 → 干燥 → 破碎 → 包装 → 产品

图 5-2 马铃薯雪花全粉生产工艺流程

三、马铃薯全粉生产设备

马铃薯颗粒全粉主要采用蒸汽去皮机、切片机、预煮机、冷却器、蒸煮机、回填拌粉制粒机及沸腾流化床干燥或气流干燥等主要设备。

马铃薯雪花全粉主要采用蒸汽去皮机、切片机、预煮机、冷却器、蒸煮机、挤出制泥机、滚筒干燥机等主要设备。

有些马铃薯颗粒全粉生产线，由于回填拌粉设备存在设计缺陷，物料流速过快，无法在拌粉机内完成马铃薯的连续搅拌制粒要求，不得不增加使用挤出机来实现制泥。这样马铃薯就受到较多剪切力，造成过多游离淀粉析出，结果使拌粉制粒机的实际作用变成了物料输送机，颗粒全粉生产实际变成了雪花全粉生产。

四、我国马铃薯全粉理化指标

1. 马铃薯颗粒全粉理化指标

性状：非黏性干粉状，易于流泄，无结块部分；

散装密度：0.75~0.859 g/cm³；

粒度：≤0.25 μm；

淀粉形态：老化回生；

游离淀粉：≤4%；

水分：≤9%。

目前，国内外生产和应用马铃薯颗粒全粉的大公司均采用以上指标作为企业标准的基本内容。

2. 马铃薯雪花全粉理化指标

性状：薄片状，也可破碎为 0.3~0.8 mm 的颗粒；

散装密度：0.25~0.559 g/cm³；

色泽：从乳白色到黄色；

淀粉形态：口化；

游离淀粉：≥4%；

水分：≤7%。

由于颗粒全粉很好地保留了马铃薯风味，广泛应用于马铃薯食品加工，因此本研究主要针对马铃薯颗粒全粉生产工艺。

第三节　马铃薯颗粒全粉加工工艺简化研究

一、马铃薯颗粒全粉加工工艺研究背景

随着马铃薯主粮化进程的不断推进，马铃薯全粉不仅成为多种湿制（糊、泥）、油炸、膨化、添加剂、调味剂等多种食品加工行业的主要原料，

更以相当的比例进入粮食产品中成为主粮。马铃薯全粉具有风味好、营养损失少、质量稳定性好、加工方便等优点，因此被用作基本原料广泛用于食品加工，如马铃薯饼、薯条、食品添加剂等。更重要的是，马铃薯蛋白质营养价值高，可消化性好，易被人体吸收，其品质与动物蛋白相近，可与鸡蛋媲美，是全球重要的粮食作物。目前，国内外多项研究致力于将马铃薯全粉以足够的比例（主要原料）加入粮食产品中，使其成为主粮。

与雪花全粉相比，马铃薯颗粒全粉更好地保持了细胞的完整性，从而更好地保护了马铃薯的风味物质，因此颗粒全粉再复水后能更好地呈现出新鲜薯泥的性状。传统马铃薯颗粒全粉生产工艺为：原料→清洗→蒸汽去皮→干刷脱皮→清洗→分拣→切片→清洗→漂烫→冷却→蒸煮→制泥→回填混合→筛分→调质→干燥→筛分→二次干燥→冷却→二次筛分→包装→成品。

国内多项研究也加入了微波干燥工艺。然而复杂的工艺流程决定了颗粒全粉生产设备投资及耗能过高，产品价格居高不下，这成为阻碍马铃薯主粮化进程的主要原因。该研究在传统马铃薯颗粒全粉生产工艺的基础上，在保证全粉质量的前提下对制粉工艺进行改良、简化。

通过正交试验研究马铃薯全粉的制备工艺，结合全粉的理化和功能特性，确定最佳的马铃薯全粉加工工艺条件。研究结果能为马铃薯加工业提供工艺参考，并为以马铃薯全粉为原料的后续产品研发提供依据。

二、研究采用的试验材料、仪器设备

研究所用马铃薯品种为青薯1号，广泛种植于四川省凉山彝族自治州。所需仪器设备主要包括多功能切片机；电热鼓风干燥箱 DHG-9245A，输入功率 2 450 W；高速粉碎机 DELI-500A。

三、马铃薯颗粒全粉制备工艺简化思路

从以上马铃薯颗粒全粉传统加工工艺流程可知,传统马铃薯颗粒全粉生产工艺复杂,工序繁多,从而使得马铃薯颗粒全粉生产过程中设备、能源、人工投入大,产品成本高。要让马铃薯颗粒全粉成为马铃薯粮食产品加工的主要原料,必须对其加工工艺实现有效简化,成功将马铃薯颗粒全粉成本降低到与传统粮食相近,才能实现马铃薯颗粒全粉在粮食产品加工中的推广应用。

马铃薯颗粒全粉传统加工工艺中,主要的工序包括清洗、去皮、切片、蒸煮、干燥、粉碎。相同工序重复进行使得工艺增长和复杂化。例如,在传统马铃薯颗粒全粉加工工艺中,清洗需要进行三次,目的是保证产品的洁净程度,然而适当将设备进行改造,去皮及切片后的清洗工序可以在去皮及切片过程中同步完成,从而简化工艺。后端的干燥、粉碎工艺环节类似,提高设备的可控性,使得产品在一次加工后即可获得所需性能,便可省略后续二次相同工序。如烘干机,采用温度、湿度、烘干时间、烘干方式均可精确控制烘干设备,使蒸煮后的马铃薯薯片水分含量、硬度、脆性达到粉碎要求,一次烘干即可。粉碎工序则应根据需要选择适当粉碎能力、产品粒度均匀的粉碎机,省去筛分工序,从而简化工艺流程。

综上所述,马铃薯颗粒全粉加工工艺简化着眼于保留制备马铃薯颗粒全粉的主体工序,保证每一工序的加工质量,从而省略重复工序。由此,将马铃薯颗粒全粉制备工艺简化为:马铃薯→清洗→机械去皮→切片→蒸煮→热风干燥→粉碎→全粉产品。

四、正交试验优化马铃薯颗粒全粉制备工艺参数

马铃薯经过清洗、去皮、切片、蒸煮、干燥、粉碎可制成马铃薯全粉。其中,马铃薯切片厚度、蒸煮时间、蒸煮与切片顺序、干燥温度、干燥时间均可不同程度地影响全粉的品质。为确保简化马铃薯颗粒全粉生产工艺满足全粉质量要求,研究主要通过以下工艺进行全粉制备,并通过正交试验,确定最优的工艺参数。

（1）马铃薯清洗：机械去皮 2 mm，根据切片需要，调节切片机切片厚度进行切片。切片厚度影响马铃薯薯片水分的散失、干燥的时间及薯粉的感官品质。切片太厚，薯片不易烘干，水分的存在会使薯片滋生细菌、霉变。切片太薄，蒸煮过程中，切片易碎，干燥过程中易焦化褐变，同时影响全粉品质。设 3 mm、6 mm、8 mm 三个厚度进行试验。

（2）蒸煮：蒸煮时间影响马铃薯褐变程度及全粉品质。解决细胞的破碎是生产中的技术关键，对全粉加工至关重要，其中涉及细胞结构的复杂变化和一系列的生化反应。马铃薯分生粉和熟粉，两者在理化与功能特性上有着明显的不同。有研究表明，热学性质方面，生粉比熟粉更难以糊化，且熟粉有较高的吸水能力，但吸油能力、起泡能力等较生粉差。试验主要研究熟粉制粉工艺。前期试验表明，切片厚度 8 mm，煮 3min，即可制得熟粉，时间若过长，则切片易碎。因此，蒸煮时间设 3 min、5 min、10 min 三个水平进行试验。

（3）干燥：由于马铃薯属高含糖量的热敏性物料，长时间受热时，内部的还原糖会与蛋白质等发生焦糖反应，从而使原料产生非酶褐变，影响产品品质。研究采用热风干燥方式，研究发现，热风干燥对马铃薯干燥状态有明显影响。马铃薯薯片热风干燥后外观形貌如图 5-3 所示。

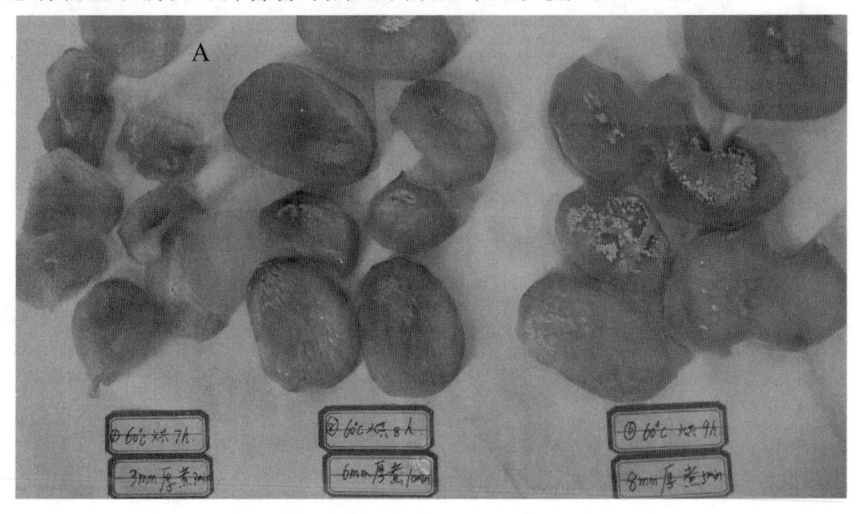

（a）不同切片厚度在 60℃下干燥的外观形貌

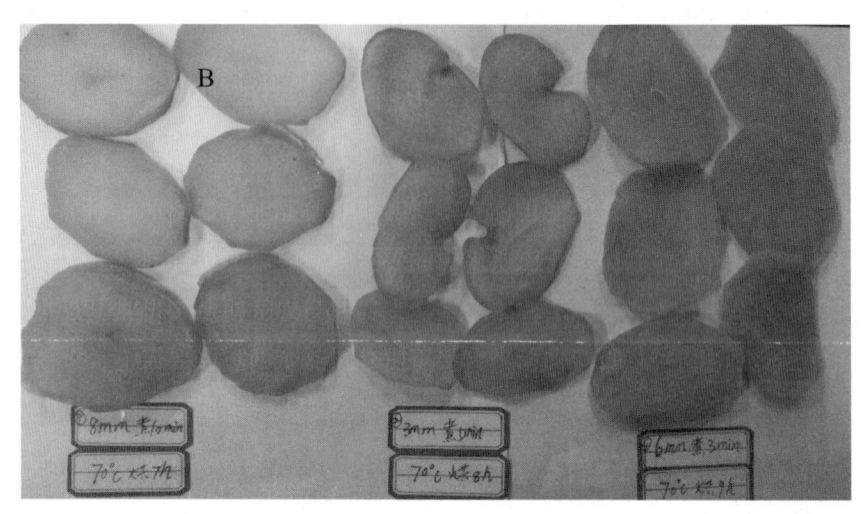

（b）不同切片厚度在70℃下干燥的外观形貌

（c）不同切片厚度在80℃下干燥的外观形貌

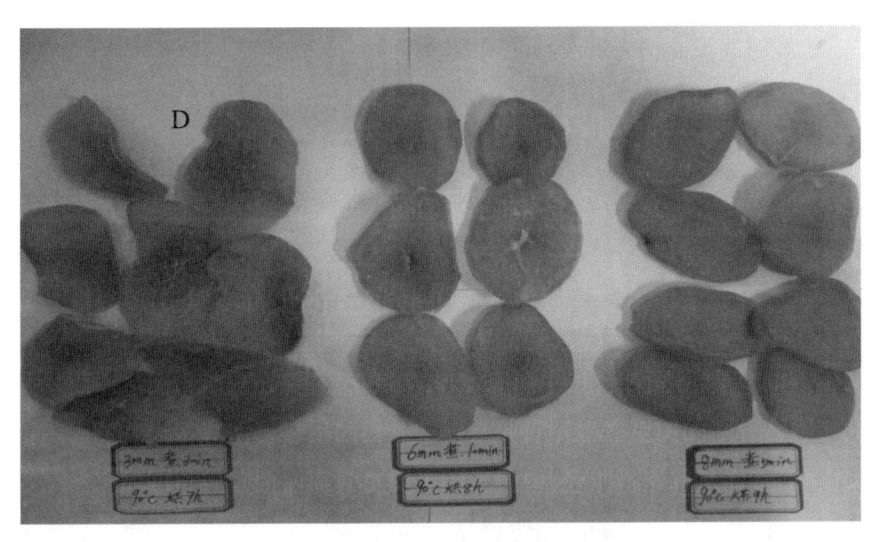

(d) 不同切片厚度在 90℃下干燥的外观形貌

图 5-3　马铃薯薯片热风干燥后外观形貌

从图 5-3 中可以明显看出，马铃薯薯片在不同温度下干燥后，薯片的外观有明显的不同。随着试验温度的升高，薯片颜色由浅变深。经 60℃干燥后，三组薯片未完全变干，仍有一些水分存在。部分样品已变质，有异味，表面有黏稠的白色丝状物出现。马铃薯干燥初期，近表面水分较少，干燥较快。干燥时间大部分用于除去薯片最后的含水量。干燥温度较低，薯片较厚，很容易引起变质。

马铃薯在四个温度下干燥，通过水分蒸发情况，可以看出：①在干燥初期，马铃薯水分减少较快，干燥速率随着水分含量的减少而降低；②随着温度的升高，马铃薯干燥速率增大；③随着切片厚度增大，马铃薯干燥速率减少；④干燥温度越高，时间越长，马铃薯边缘易褐变，且褐变面积变大。

提高温度可以打破吸附于食品中水分的束缚，以除去内部剩余的少量水分。但温度升高 10℃，美拉德反应加快 3～5 倍，对马铃薯色泽、营养会产生不良影响。综合上述因素，干燥温度设为 70℃、80℃、90℃三个水平，干燥时间设 7 h、8 h、9 h 三个水平。

综合上述条件，为获得干燥时间较短，马铃薯粉色泽质地良好的制粉工艺，在切片厚度、蒸煮时间、热风干燥温度、时间四个因素三个水平下进行 L9（34）正交试验。正交试验设计见表 5-1。设经热风干燥后的马铃薯薯片在粉碎机中粉碎 3 min，过 60 目筛得马铃薯全粉。

表 5-1 马铃薯全粉加工正交试验

试验号	A：切片厚度/mm	B：蒸煮时间/min	C：热风干燥温度/℃	D：热风干燥时间/h
1	3	3	90	7
2	3	5	70	8
3	3	10	80	9
4	6	3	70	9
5	6	5	80	7
6	6	10	90	8
7	8	3	80	8
8	8	5	90	9
9	8	10	70	7

五、马铃薯颗粒全粉的品质测试及分析

据了解，目前还没有统一的马铃薯全粉国际质量标准，各个国家、地区、公司都有自己不同的标准。其中，由不同品种的马铃薯制备得到的颗粒粉理化指标会有较大区别，因此用一个标准做出统一的规定，不是很合理。但各质量标准，基本都包括以下 4 部分，即感官标准、理化标准、卫生标准和食品添加剂标准。通过参考 SB/T 10752—2012《马铃薯雪花全粉》国内贸易行业标准及科研单位、企业的一般标准，采用以下指标作为评价马铃薯全粉的依据（见表 5-2）。

表 5-2　马铃薯全粉行业标准

感官要求		理化指标	
项目	指标	项目	指标
色泽	色泽均匀	游离淀粉率/%	≤4.0
气味	具有该产品的气味	水分（以干基计）/%	≤9.0
组织状态	呈干燥、疏松的雪花片状或粉末状，无结块，无霉变	灰分/%	≤4.0
杂质	无肉眼可见的外来杂质	还原糖含量/%	≤3.0

通过分析全粉的理化性质，结合马铃薯全粉感官特性，得出最佳的制粉工艺。

1. 理化指标检测方法

（1）马铃薯全粉游离淀粉率的检测方法：按照马铃薯颗粒全粉中自由淀粉的测定方法中游离淀粉含量的测定方法进行测定。

（2）马铃薯全粉中还原糖含量的测定方法：按照 GB/T 5009.7—2008《食品中还原糖的测定》规定的方法进行测定。

（3）马铃薯全粉中 VC 含量的测定方法：按照 GB/T 6195—1986《水果、蔬菜维生素 C 含量测定法（2，6-二氯靛酚滴定法）》规定的方法进行测定。

（4）马铃薯全粉中水分含量的测定方法：按照 GB/T 12087—2008《淀粉水分测定烘箱法》规定的方法进行测定。

（5）马铃薯全粉中灰分含量的测定方法：按照 GB/T 22427.1—2008《淀粉灰分测定》规定的方法进行测定。

2. 能耗计算方法

采用热风干燥时，机器恒温运转条件下，功率一定（2 450 W），那么可以认为能耗只与干燥时间有关。采用以下公式计算能耗：

能耗=功率×时间

六、试验结果与分析

由正交试验获得 9 组不同的马铃薯全粉,其化学成分见表 5-3。本表所采用的测试指标是依据目前国内外企业生产马铃薯粉采用的企业标准而选用的分析指标。从表中可以看出,不同加工方式制成的马铃薯全粉在理化性质上略有不同。参考"马铃薯雪花全粉行业标准",9 组马铃薯全粉大都满足行业标准要求。马铃薯全粉中游离淀粉含量的多少是全粉质量的一项重要指标,它表明马铃薯细胞被破坏的程度。游离淀粉率高,则表明细胞被破坏程度大。薯粉加工过程中大都存在游离淀粉率高、黏度过大等问题,细胞破碎过大会导致营养和风味物质流失严重。由于在干燥过程中,马铃薯内部还原糖与蛋白质等会发生美拉德反应,产生非酶褐变,故还原糖的含量是影响马铃薯全粉加工色泽的一个重要指标。维生素 C 主要存在于蔬菜、水果中,人体不能合成。马铃薯中含有多种维生素,其中 VC 含量比较多,VC 是马铃薯全粉重要的营养成分。水分的高低影响马铃薯的保存,水分含量低,马铃薯全粉能够较长时间保存。灰分是标示食品中无机成分总量的一项指标,代表食物中矿物质成分。从营养学角度来说,一般灰分越多,则粉的矿物质含量越多。而在面粉加工生产中,则要求尽量降低灰分含量。一般来讲,灰分越低,面粉加工精度越高,生产高等级面粉则要求灰分低于 0.70%。

表 5-3 马铃薯全粉的理化性质分析

试验号	颗粒大小 /mm	游离淀粉率 /%	水分 /%	灰分 /%	还原糖含量(以葡萄糖计) /(g/100g)	VC 含量 /(mg/100 g)
1	<0.25	3.25	7.00	2.33	0.24	27.55
2	<0.25	3.53	7.56	3.14	1.67	15.31
3	<0.25	2.34	7.50	2.01	0.56	8.16
4	<0.25	4.35	7.86	3.89	0.59	23.47
5	<0.25	3.73	7.90	3.95	0.50	24.49

续表

试验号	颗粒大小/mm	游离淀粉率/%	水分/%	灰分/%	还原糖含量（以葡萄糖计）/（g/100g）	VC含量/（mg/100g）
6	<0.25	3.33	6.25	2.06	0.36	19.39
7	<0.25	4.20	6.40	3.34	0.92	31.63
8	<0.25	4.88	6.80	2.23	1.11	22.45
9	<0.25	3.14	7.88	3.84	0.53	34.69

应用极差分析法处理后的结果见表5-4。通过极差分析结果可以看出，切片厚度、蒸煮时间、热风干燥温度及时间这4个因素对马铃薯全粉的游离淀粉率、水分及其他3个指标都有一定影响。从极差分析可以看出，影响全粉游离淀粉率的因素主次顺序依次为B→A→D→C，选取最优处理组合为B3A1D1C3；影响水分的因素主次顺序依次为C→D→B→A，选取最优处理组合为C1D2B1A3；同理可得影响灰分、还原性糖、VC含量的最优因素组合分别为C1A1D3B3、B3D1A2C1、A3D1B1C2。通过上述不同加工条件对全粉5项指标影响结果的极差分析，可以看出：A因素即切片厚度对VC含量影响最显著，此时选取A3，但取A3时，游离淀粉率和还原性糖的含量均较高，而切片厚度对还原性糖这一指标为次要影响因素，因此从全粉营养价值考虑选A3；因素B即蒸煮时间对游离淀粉率和糖类含量的影响最显著，且对其他3个指标均是次要因素，选取B3；因素C即热风干燥温度主要影响全粉中水分和灰分含量，且对其他3个指标均是次要因素，选取C1；因素D即热风干燥时间，选取D1均可改善游离淀粉率、糖分、VC含量，因此选取D1。

综上所述，为提高全粉粉质理化特性，最优组合为A3B3C1D1，即切片厚度8 mm，蒸煮10 min，热风干燥温度90℃，干燥时间7 h。

表 5-4 极差分析法处理结果

颗粒大小 /mm	游离淀粉率 /%	水分 /%	灰分 /%	还原糖含量（以葡萄糖计） /（g/100g）	VC 含量 /（mg/100 g）
R_A	1.03	0.33	0.81	0.37	12.59
K_{A1}	9.12	22.06	7.48	2.47	51.02
K_{A2}	11.41	22.01	9.90	1.45	67.35
K_{A3}	12.22	21.08	9.41	2.56	88.78
R_B	1.11	0.33	0.55	0.79	6.80
K_{B1}	11.80	21.26	9.56	1.75	82.65
K_{B2}	12.14	22.26	9.32	3.28	62.24
K_{B3}	8.81	21.63	7.91	0.92	62.24
R_C	0.40	1.08	1.42	0.36	3.06
K_{C1}	11.46	20.05	6.62	1.71	69.39
K_{C2}	11.02	23.30	10.87	2.79	73.47
K_{C3}	10.27	21.80	9.30	1.98	64.29
R_D	0.48	0.86	0.66	0.56	10.88
K_{D1}	10.12	22.78	10.12	1.27	86.73
K_{D2}	11.06	20.21	8.54	2.95	66.33
K_{D3}	11.57	22.16	8.13	2.26	54.08

七、最优工艺条件试验验证

通过对正交试验的极差分析，可知正交试验的理论最优条件为 A3B3C1D1，即切片厚度 8 mm，蒸煮 10 min，热风干燥温度 90℃，干燥时间 7 h。这一条件在试验中没有出现，须经过试验检验。理论最优条件下生产全粉品质如表 5-5 所示，马铃薯全粉感官特性及不同制粉工艺能耗分析如表 5-6 所示。

表 5-5　理论最优条件下所得全粉品质分析

试验号	颗粒大小 /mm	游离淀粉率 /%	水分 /%	灰分 /%	还原糖含量（以葡萄糖计）/（g/100 g）	VC 含量 /（mg/100 g）
10	<0.25	3.27	6.89	2.03	0.55	30.45

表 5-6　马铃薯全粉感官特性及不同工艺耗能

试验号	切片厚度 /mm	蒸煮时间 /min	热风干燥温度 /℃	热风干燥时间 /h	感官特性 色泽	感官特性 颗粒感	能耗 /kW·h
1	3	3	90	7	色泽均匀，黄中略红	粉粒感（较细）	17.15
2	3	5	70	8	色泽均匀，乳白色粉末	粉质感	19.60
3	3	10	80	9	色泽均匀，乳白色粉末	粉质感	22.05
4	6	3	70	9	色泽均匀，乳白色粉末	粉粒感	22.05
5	6	5	80	7	色泽均匀，乳白色粉末	粉粒感	17.15
6	6	10	90	8	色泽均匀，米黄色粉末	有一定粉粒感（较细）	19.60
7	8	3	80	8	色泽均匀，黄中带红	粉粒感（较细）	19.60
8	8	5	90	9	色泽均匀，米黄色粉末	粉粒感（较细）	22.05
9	8	10	70	7	色泽均匀，米黄色粉末	粉粒感（较细）	17.15
10	8	10	90	7	色泽均匀，乳白色粉末	有一定粉粒感（较细）	17.15

由试验结果可知，最优条件下所得马铃薯全粉除还原糖含量较高外，其他指标较优于正交试验各组合。这说明，理论分析值可信。

根据"马铃薯雪花全粉行业标准"，从表5-6中可以看出，由10种不同工艺得到的马铃薯粉大都满足行业标准要求。从感官特性可以看出，2号、3号、4号、5号、10号这五种粉颜色均匀且呈现乳白色，较好地满足薯粉的烹饪制作方面对其颜色的要求。可见，最优条件下制得的马铃薯全粉在感官特性上较好地满足要求。

为了进一步分析不同工艺的经济性，从能耗方面对不同工艺进行对比分析。在制粉工艺中，能耗主要发生在薯片干燥过程中。从表5-6中可以明显看出，1号、5号、9号、10号工艺耗能最低。

八、结　论

通过在切片厚度、蒸煮时间、热风干燥温度、时间四个因素三个水平下进行L9（34）正交试验，并对各组试验所得全粉进行理化性质分析，得出最佳的工艺条件为：切片厚度8 mm，蒸煮10min，热风干燥温度90℃，干燥时间7 h。

综合比较不同制粉工艺条件下全粉理化指标、感官指标及能耗情况，可知最优工艺条件下所得马铃薯粉理化指标均达到行业标准，且较优于其他各组合。使用该简化工艺生产马铃薯颗粒全粉的效率为：1 000 g马铃薯（生产总成本2.0元）产粉240 g，即全粉成本为8.3元/kg，远低于进口马铃薯全粉价格13元/kg。因此该技术的推广能从根本上解决马铃薯全粉国产化，推进其主粮化进程。马铃薯全粉中营养物质VC含量高，色泽均匀、呈乳白色、有马铃薯香，粉较细、有粉粒感。预测值与实际值基本一致，预测条件与实际情况较符合。

该研究结果在马铃薯颗粒全粉制作工艺简化方面取得了突破性进展，主要体现在：

（1）马铃薯颗粒全粉制备工艺极大简化，生产线有效缩短，生产效率大大提高。与传统马铃薯颗粒全粉生产工艺相比，简化工艺生产马铃薯颗粒全粉加工时间缩短了近1/3。

（2）该简化工艺最大的价值还体现在马铃薯颗粒全粉生产线的缩短，这就为小型马铃薯颗粒全粉生产线的设计、研发和推广提供了可能。基于该马铃薯颗粒全粉简化加工工艺的小型马铃薯颗粒全粉生产线在设备数量、设备体积、操作工数量、生产线成本方面大幅度减小。对于类似四川省凉山州这样的马铃薯种植区而言，种植面积大，但相对分散，且地势复杂，完全不适合大型马铃薯全粉生产线的投入使用。而基于简化马铃薯全粉加工工艺设计的小型马铃薯颗粒全粉生产线，可广泛应用于最接近马铃薯种植区的乡镇，年产能力不高，只需要20 t左右，就地加工一定区域的鲜马铃薯，从而让农户在鲜马铃薯收获后立即销售，减轻其运输及储存压力，获得稳定的经济收入。

（3）马铃薯颗粒全粉产品成本的大幅度降低。马铃薯全粉价格居高不下一直是影响全粉主粮产品推广，进而影响马铃薯主粮化进程的主要因素。例如人们习惯了1元一个的小麦馒头，要接受2元一个的马铃薯全粉馒头，难度非常大。通过马铃薯颗粒全粉简化制备工艺研究，将马铃薯颗粒全粉的成本降低至8.3元/kg，虽然仍高于小麦粉成本，但已经比进口全粉的13元/kg降低了很多。就马铃薯全粉馒头而言，其价格可降低至1.2元一个，0.2元/个的价格差异对于越来越追求健康生活的消费者来说，是比较容易接受的。从这一方面，可以说马铃薯全粉简化制备工艺极大地推进了马铃薯主粮化进程。

（4）简化马铃薯颗粒全粉制备工艺完全能保证产品质量。四川马铃薯工程技术中心后续马铃薯全粉主食加工工艺研究所使用的颗粒全粉，均采用该简化加工工艺制备而成，不仅能保证马铃薯全粉粮食产品质量，在全粉的加工性能方面，甚至优于传统马铃薯颗粒全粉加工工艺生产的全粉产品。

第四节　不同加工工艺马铃薯颗粒全粉品质质量影响研究

一、研究项目简介

马铃薯颗粒全粉品质质量因素较多，该研究主要选择了对马铃薯颗粒全粉在主粮食品生产中的加工性能影响较大的碘蓝值、淀粉含量、吸水能力、吸油能力和溶解度等因素，分析四川马铃薯工程技术中心研究出的简化马铃薯颗粒全粉制备工艺中蒸煮与打浆环节各项工艺参数对马铃薯全粉品质的影响规律，从而优化马铃薯颗粒全粉加工工艺及其参数。

马铃薯颗粒全粉品质质量研究对马铃薯主粮化战略有重大意义。首先，马铃薯全粉品质因素是马铃薯颗粒全粉分类依据。例如碘蓝值，即马铃薯颗粒全粉中游离淀粉的含量的多少，取决于全粉制备过程中细胞的破坏程度，其数值越高，说明细胞破坏越多，因此游离淀粉数量越多。碘蓝值决定了全粉产品对马铃薯风味的保持程度，数值越低，马铃薯细胞保持越完好，因而产品越能保持马铃薯风味。不同马铃薯粮食产品对碘蓝值要求不同，例如马铃薯面条、米糊等，侧重于添加高比例马铃薯全粉的同时保持其感官及物理性能，全粉碘蓝值的要求不是最重要的因素。但是对于薯条、全粉面包等风味小吃而言，消费者购买的就是食品的马铃薯风味，因此必须使用碘蓝值低的马铃薯颗粒全粉产品。由此可见，有必要根据碘蓝值将马铃薯全粉产品进行分类，形成完整碘蓝值系列的全粉产品，以备加工不同的马铃薯全粉粮食产品时准确选用。

同样，马铃薯颗粒全粉的吸油能力、吸水能力、溶解度及总淀粉含量均可单独或综合成为马铃薯颗粒全粉分类的指标。吸油能力强的马铃薯全粉较适合用作油脂含量高的粮食产品原料；吸水能力和溶解度则决定了马铃薯颗粒全粉作为主要原料生产全粉粮食产品的工艺性；总淀粉含量决定了马铃薯颗粒全粉的营养价值及风味。

由此可见，作为生产马铃薯粮食产品的主要原料，在不同的场合对马铃薯全粉品质质量有着不同的要求，因此，马铃薯全粉产品必须实现标准化、系列化。其依据就是马铃薯质量因素，根据马铃薯粮食产品的加工或质量要求对全粉品质因素进行适当整合，形成马铃薯颗粒全粉的分类标准，按照标准生产系列马铃薯颗粒全粉产品，以确保马铃薯粮食产品原料选用准确且产品质量稳定。

四川马铃薯工程技术中心在进行不同加工工艺对马铃薯颗粒全粉品质质量影响研究中，考虑了马铃薯颗粒全粉的护色。众所周知，马铃薯全粉加工过程中存在产品黑化的问题，而全粉产品的色泽直接影响制成的马铃薯全粉粮食产品的感官特性。护色最有效的手段就是减少全粉生产过程中马铃薯与空气的接触，因而采用在密闭容器内对蒸煮或未蒸煮过的马铃薯进行打浆来替代切片工序，效果良好。

在目前马铃薯全粉加工工艺的基础上，提出了两种护色方法的工艺流程，如图 5-4 所示。

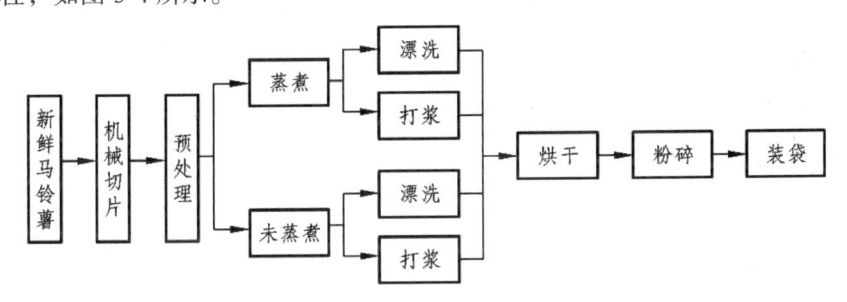

图 5-4 马铃薯全粉制作工艺流程

其中，机械切片厚度在 10~15 mm；预处理是采用 2%盐溶液浸泡 1 h，蒸煮时间为 15 min。蒸与未蒸煮后的马铃薯薯片或浆在 120℃下烘 1 h 后再转到 90℃下烘 5 h，然后在 70℃下烘至干燥。

通过正交试验研究制粉工艺中蒸煮及打浆环节对马铃薯全粉的质量因素即碘蓝值、淀粉含量、吸水能力、吸油能力和溶解度等的影响，从而提升马铃薯颗粒全粉质量并优化制粉工艺。

二、试验材料与方法

（1）材料：马铃薯采用在四川省凉山彝族自治州广泛种植的品种"凉薯17"。

（2）主要仪器设备：切丝切片机（型号：YQS660）；马铃薯脱皮机（型号：TP-450）；电热鼓风恒温干燥箱（型号：CH101-4B）。

三、各项影响因素分析方法

1. 碘蓝值

取 2 个 50 mL 容量瓶做平行试验，加蒸馏水至近刻度，65.5℃预热并定容至刻度；准确称量 0.25 g 样品于 100 mL 锥形瓶中，倒入预热并定容的 50 mL 蒸馏水保持于 65.5℃搅拌 5 min，静置 1 min 后过滤。滤液保持于 65.5℃并趁热吸取 1 mL 于 50 mL 显色管中，加 1 mL 0.02 mol/L 碘标准溶液，定容至刻度，同时取 1 mL 0.02 mol/L 碘标准溶液，定容至 50 mL。以试剂空白对照，以试剂空白调零点，测定样品在波长 650 nm 处吸光度 A。碘蓝值按式（5-1）计算。

$$碘蓝值 = A_{650nm} \times 54.2 + 5 \qquad (5\text{-}1)$$

2. 吸油能力

称取 5.0 g 样品于烧杯中，加入 30 mL 菜籽油，摇匀，在 100℃的水浴中加热 20 min，冷却静置到室温，移入离心管中，用 3 000 r/min 的转速离心 25 min，量取上清液体积 V_1（mL）。吸油量按式（5-2）计算，吸油能力以每克样品吸收油的体积表示。

$$吸油能力（mL/g）= \frac{30 - V_1}{5.0} \qquad (5\text{-}2)$$

3. 吸水能力

称取 1.0 g 样品于烧杯中加入 49 mL 水配成 2 g/100 mL 的溶液，在 100℃的水浴中加热 20 min，量取上清液体积 V_2（mL）。吸水能力按式（5-3）计算，吸水能力以每克样品吸收水的体积表示。

$$吸油能力（mL/g）=\frac{49-V_2}{1.0} \quad （5-3）$$

4. 总淀粉

采用酶水解法 GB/T 5009.9—2008《食品中淀粉的测定》测定。

5. 溶解度测定

将 1 g 样品置于 1 mL 刻度试管，加蒸馏水至刻度线，将上述溶液放置 1 h（每 10 min 混合一次），静置 15 min 后吸取上清液于已质量恒定的铝盒中蒸干水分，称量铝盒总质量。按照式（5-4）计算样品的溶解度。

$$溶解度（\%）=\frac{(m_2-m_1)V}{2m}\times 100\% \quad （5-4）$$

式中：m 为样品质量，g；m_1 为铝盒质量，g；m_2 为加上清液干燥后铝盒质量，g；V 为上清液体积，mL。

四、结果与讨论

根据马铃薯全粉制作工艺设计流程，将马铃薯分为漂洗蒸煮（PZ）、打浆蒸煮（JZ）、漂洗未蒸煮（PW）和打浆未蒸煮四个处理组。每组测出两组数据，取均值，并计算方差。试验数据如表 5-7 所示。

表 5-7　不同加工工艺对马铃薯颗粒全粉品质影响试验数据

处理组	碘蓝值	吸油能力 /（mL/g）	吸水能力 /（mL/g）	溶解度 /%	总淀粉含量 /（g/100 g）
JZ1	7.913 25	1.1	11.5	7.97	54.26
JZ2	7.543 23	1	13	7.87	54.61
均值	7.728 24	1.05	12.25	7.92	54.438 597 27
标准差	0.185 01	0.05	0.75	0.05	0.173 713 253
JW1	6.246 8	1.4	12	5.14	55.28
JW2	6.842 8	1.3	13.5	4.67	59.49
均值	6.544 8	1.35	12.75	4.905	57.384 335 87
标准差	0.298	0.05	0.75	0.235	2.108 401 575
PZ1	10.765 4	1.2	10	9.57	57.19
PZ2	10.596 15	1.3	11	8.75	57.76
均值	10.680 775	1.25	10.5	9.16	57.476 727 71
标准差	0.084 625	0.05	0.5	0.41	0.282 454 787
PW1	10.785 85	1.1	13.5	3.74	60.08
PW2	11.143 56	1.1	15	4.15	62.50
均值	10.964 705	1.1	14.25	3.945	61.291 899 66
标准差	0.178 855	0	0.75	0.205	1.211 482 761

1. 不同加工工艺对马铃薯颗粒全粉碘蓝值的影响

马铃薯颗粒全粉中游离淀粉的含量的多少是全粉质量的一项重要指标。现行有关标准采用碘蓝值测定。碘蓝值高表明大量马铃薯细胞被破坏，从而释放出大量游离淀粉。分别测定出四种不同工艺制成全粉的碘蓝值，如图 5-5 所示。

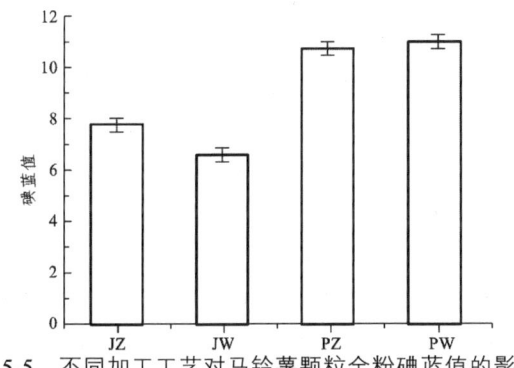

图 5-5 不同加工工艺对马铃薯颗粒全粉碘蓝值的影响

图 5-5 显示出打浆未蒸煮处理组的碘蓝值最低为 6.54，极大地保持了全粉中马铃薯细胞的完整性，具有更高的营养价值。切片未蒸煮处理组碘蓝值 10.96 最高。说明打浆不易造成细胞破坏，而蒸煮工艺在加热过程中容易造成细胞壁分解溶出，从而破坏细胞。切片未蒸煮工艺将大量支链淀粉转化为直链淀粉，溶于水中，碘蓝值升高。其原因在于不经过蒸煮直接打浆后烘干，粉碎所需的机械能较小，对细胞的破坏性减弱。

2. 不同加工工艺对马铃薯颗粒全粉吸油能力的影响

吸油能力的大小受蛋白质的来源、加工条件、添加剂成分颗粒的大小和温度的影响，如含非极性尾端较多的蛋白质含量增加，则吸油能力也随之增加。吸油能力强的马铃薯全粉较适合用作油脂含量高的粮食产品原料。四种不同工艺制成全粉的吸油能力如图 5-6 所示。

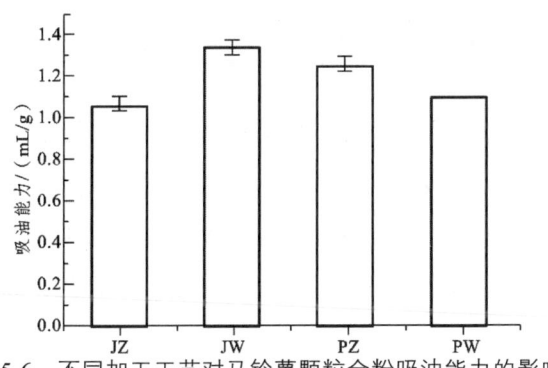

图 5-6 不同加工工艺对马铃薯颗粒全粉吸油能力的影响

图 5-6 表明打浆未蒸煮处理组的吸油能力最高,达到 1.35 mL/g。打浆蒸煮处理组的吸油能力为 1.05 mL/g,最低。其原因在于蒸煮工艺对全粉中蛋白质分子的破坏较大,而在不经过蒸煮的前提下,切片工艺更易破坏全粉中蛋白质分子的结构。

3. 不同加工工艺对马铃薯颗粒全粉吸水能力的影响

持水力的差异主要是由淀粉分子内部羟基与分子链或水形成氢键和共价键结合所致。羟基与淀粉分子结合的作用大于与水分子的结合,显示出低的持水力,反之则显示出高的持水力。马铃薯颗粒全粉糊化时,能吸收比自身重量多 400~600 倍的水分,其原因是马铃薯全粉颗粒大,结构松散,吸水膨胀力大。同时,直链淀粉含量低也是吸水能力上升的原因。四种不同工艺制成全粉的吸水能力如图 5-7 所示。

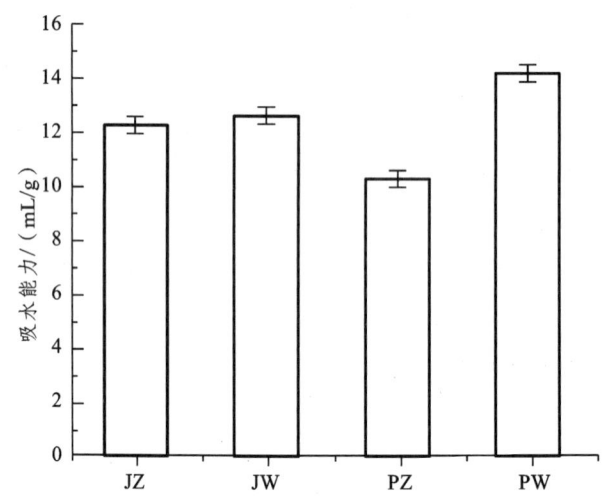

图 5-7 不同加工工艺对马铃薯颗粒全粉吸水能力的影响

图 5-7 显示出吸水能力最强的是切片未蒸煮处理组,为 14.25 mL/g。切片蒸煮处理组最低,为 10.5 mL/g。其原因在于切片未蒸煮工艺造成了大量游离淀粉的存在(碘蓝值最高),从而增强了全粉的吸水能力。

4. 不同加工工艺对马铃薯颗粒全粉溶解度的影响

溶解度是指全粉溶于水的能力。四种不同工艺制成全粉的溶解度如图5-8所示。

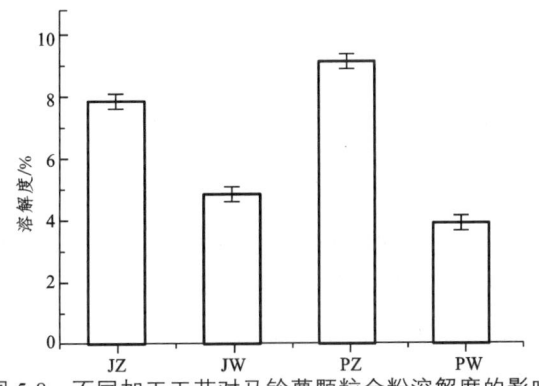

图 5-8 不同加工工艺对马铃薯颗粒全粉溶解度的影响

图 5-8 显示出四种不同工艺制成的马铃薯全粉溶解度顺序，切片蒸煮>打浆蒸煮>打浆未蒸煮>切片未蒸煮。说明蒸煮过程增加了淀粉的糊化程度，从而提高了全粉的溶解度。同时，溶解度与游离淀粉的含量有关，切片工艺造成了细胞的大量破坏，释放出的大量游离淀粉提高了马铃薯全粉的亲水性，提高了溶解度。

5. 不同加工工艺对马铃薯颗粒全粉中淀粉总含量的影响

四种不同工艺制成全粉的总淀粉含量如图5-9所示。

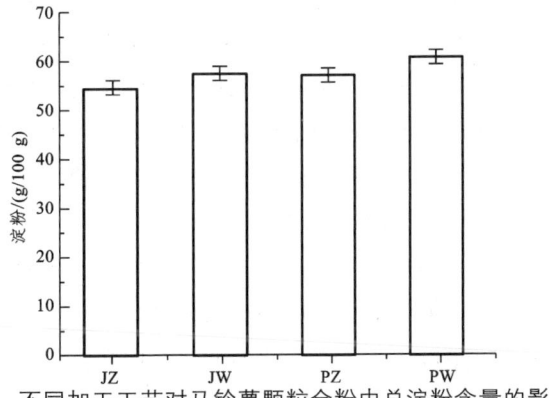

图 5-9 不同加工工艺对马铃薯颗粒全粉中总淀粉含量的影响

图 5-9 显示出切片未蒸煮处理组中总淀粉含量最高，为 61.29 g/100 g。打浆蒸煮处理组中总淀粉含量最低，为 54.44 g/100 g。说明蒸煮工艺会降低全粉中总淀粉含量，而打浆与切片工艺相比较，切片工艺更有利于保持全粉中的总淀粉含量。

五、结 论

通过对以上工艺的分析和比较，得出以下结论：

（1）打浆未蒸煮工艺加工的马铃薯全粉碘蓝值最低，吸油能力最高，吸水能力及淀粉总含量均较高。全粉极大地保持了马铃薯细胞的完整性，从而具有更高的营养价值；全粉的加工性能良好，能作为制作马铃薯食品的主要原料。该工艺制作全粉的唯一缺陷是亲水性不够，溶解度较低。

（2）切片蒸煮工艺加工的马铃薯全粉溶解度最高，吸水能力、吸油能力及总淀粉含量较高。全粉的加工性能良好，能作为制作马铃薯食品的主要原料。其缺陷是碘蓝值较高，全粉在保持马铃薯风味及营养价值方面不如打浆未蒸煮工艺。

第五节 实践创新意义

制造业中通过工艺改进以提升产品质量和生产效率是工业强基的重要组成部分。在经济相对落后的地区，因工艺复杂造成的加工设备种类多、价格高以及生产流程复杂，可能阻碍优势产业的发展。在四川省凉山彝族自治州，得天独厚的马铃薯种植优势需要马铃薯深加工产业提升产品的附加值，从而带动地方经济发展，因此解决马铃薯全粉加工工艺简化及工艺参数优化的瓶颈成为必须解决的问题。

成熟的马铃薯全粉生产工艺适用于经济发达地区大规模生产，在该工艺的基础上简化工艺流程但必须保证产品质量是研究的目标。针对这一目标，在试验中通过精确控制工艺参数的方法，用简化的流程来达到复杂工艺达到的工艺要求，成功地实现了马铃薯全粉加工工艺的简化。

第六章　马铃薯深加工产业中的绿色制造探索

第一节　绿色制造及意义

传统工业化进程推进给人类社会带来巨大现代化福祉的同时，也产生了严重的资源和环境问题。这些问题必须通过深化工业化进程来解决，而发展绿色制造正是其中的关键。推进绿色制造已经成为当今时代制造业发展的主流和方向。对于中国制造而言，推进绿色制造发展的意义十分重大，这不仅表现为贯彻绿色发展理念、《中国制造 2025》等国家重大战略，还是中国走新型工业化道路的必然要求，也是中国积极探索包容可持续工业化的重要体现。

通常绿色制造是在保证产品功能和质量的前提下，综合考虑环境影响和资源效率的制造模式和过程。绿色制造通过开展技术创新及系统优化，将绿色设计、绿色技术和工艺、绿色生产、绿色管理、绿色供应链、绿色就业贯穿于产品的全生命周期中，实现环境影响最小、资源能源利用率最高，以实现经济效益、社会效益、生态效益有机统一。绿色制造的实现需要一个体系，包括开发绿色产品、建立绿色工厂、发展绿色园区、打造绿色供应链，以及优化绿色企业、强化绿色监管和完善标准体系等内容。

构建绿色制造体系中的一项重要工作就是加快关键核心技术研发，加快实现绿色制造技术群体性突破，加紧制定重点领域绿色制造技术路线图，重点研发新能源和资源集约利用、污染生态系统修复、污染物健康危害评测与预防、人工化学品控制等技术。

第二节　现代制造企业必须认识生态环境保护的重要性

进入新时代，我国社会主要矛盾已经转化为人民日益增长的美好生活需要和不平衡不充分的发展之间的矛盾。从注重温饱逐渐转变为更注重环保，从求生存到求生态，提高环境质量成为广大人民群众的热切期盼。生态环境质量直接决定着民生质量，改善生态环境就是改善民生。

深刻认识生态环境保护，要具备战略思维。生态环境没有替代品，用之不觉，失之难存。我们要以"前人栽树、后人乘凉"的远见，以"一代接着一代干"的定力，久久为功地推进生态文明建设。深刻认识生态环境保护，要强化绿色发展理念。没有良好的生态环境，发展就是"无本之木"，经济转型也就成了"纸上谈兵"。不能因为图一时发展之快，而启动一些高污染、高能耗、低附加值的项目，更不能因为担心影响经济发展，而在污染防治攻坚战中缩手缩脚。

节约资源和保护环境是我国的基本国策。对此，我国政府显示了必胜的信心并已经取得了显著的成效。《2022 中国生态环境状况公报》显示，全国生态环境质量保持改善态势，年度改善目标顺利完成。空气质量稳中向好。339 个地级及以上城市 PM2.5 平均浓度为 29 $\mu g/m^3$，"十三五"以来可比数据已实现"七连降"。6 项主要污染物平均浓度连续 3 年稳定达标。重度及以上污染天数比例为 0.9%，同比下降 0.4 个百分点，首次降低到 1% 以内。地表水环境质量持续向好。水质优良（Ⅰ~Ⅲ类）断面比例为 87.9%，同比上升 3.0 个百分点，实现"十三五"以来"七连升"；劣Ⅴ类断面比例为 0.7%，同比下降 0.5 个百分点。

自 2018 年以来，全国经济运行总体平稳，经济结构不断优化，质量效益稳步提升，高质量发展扎实推进，发展的协调性、包容性、可持续性进一步增强，为打好污染防治攻坚战提供了坚实基础。生态环境保护在持续改善生态环境质量、解决老百姓身边突出环境问题的同时，推进供给侧结构性改革向纵深发展，维护企业公平竞争的市场环境，加大生态环境治理投入，对经济发展的正效应逐步显现。

第三节 马铃薯皮渣的资源化利用

马铃薯产业的发展中存在严峻的环境保护问题，例如马铃薯淀粉加工过程中就会产生废水、废气、废渣，其中废水对环境产生较大影响。因此为保证未来我国马铃薯产业健康、持续发展，必须对马铃薯深加工所产生的废水、废气、废渣进行严格处理，以免对环境造成破坏，从而影响其可持续发展。其中较为有效的就是采用全粉加工逐渐代替传统的马铃薯淀粉提取，尽量减少马铃薯深加工所产生的废渣，同时对马铃薯皮渣的资源化利用进行深入研究，变废为宝。

马铃薯皮渣是马铃薯淀粉及全粉生产加工的副产物，平均每生产 1 t 马铃薯淀粉会产生 6.5~7.5 t 湿薯渣，主要包括水、残余淀粉颗粒和粗纤维等；而马铃薯全粉生产所产生的副产物数量相对较少，主要是马铃薯皮。因其含大量水分和多种微生物，水分活度大，储运困难，易于腐败变质。故将其进行资源化开发利用，既节约资源，又减少污染，从而保护生态环境，能大大增加马铃薯产业的经济附加值，保证其可持续发展。

一、马铃薯渣的主要营养成分、特点及性质

1. 马铃薯渣营养成分和特点

马铃薯渣含有大量的淀粉、纤维素、半纤维素、果胶及蛋白质等可利用成分，其主要成分（以干基计算）包括淀粉37%、纤维素和半纤维素31%、果胶 17%、蛋白质 4%等。马铃薯皮渣量大，若不加以资源化利用，既浪费资源，又污染环境。若直接作为饲料，因其粗纤维含量高而蛋白质含量

低，适口性差，影响禽畜的生长性能；直接废弃或掩埋，其所含大量无机盐等会造成土壤和地下水污染；烘干成本又太高。

2. 马铃薯皮渣的性质

马铃薯皮渣水分高达约90%，虽无液态流体性质，却具备典型胶体的物化特性。水分虽未与细胞壁碎片中的纤维及果胶牢固结合，却直接嵌入残存完整细胞中，极难在常温常压下去除，需借助细胞膜交换到外界，加压也仅可去除约10%。马铃薯皮渣黏性高，性质类似蛋白软糖，此特点是马铃薯渣处理和资源化利用的瓶颈问题。据Mayer等报道，马铃薯皮渣自带微生物15类共33种，细菌28种、霉菌4种和酵母菌1种。故极有必要去除水分，提高其抵抗微生物污染性能和储存稳定性。

二、马铃薯渣资源化开发利用研究现状

1. 制备高蛋白、高能量饲料

随着经济的腾飞，人们生活水平提高，动物性食品需求量增大，带动养殖业极速发展。高蛋白饲料的需求与日俱增，蛋白质不足已成为世界问题。我国蛋白质饲料更是供不应求，马铃薯皮渣原料来源广，以其生产高蛋白饲料，耗资少，工艺简单，底物和发酵物利用完全，无二次污染，是马铃薯皮渣资源化利用的重要途径。

用马铃薯皮渣制备高蛋白饲料，通常采用固态或半固态发酵方式。以马铃薯皮渣为底物，利用微生物发酵降解马铃薯皮渣中的淀粉和粗纤维，产生大量微生物蛋白质，提高蛋白质含量及营养价值，改善粗纤维结构，增加清香味，提高适口性。

2．制备膳食纤维

膳食纤维是指不能被人体小肠吸收但具有健康意义的、植物中天然存在或通过提取/合成的、聚合度 $DP \geqslant 3$ 的碳水化合物聚合体，包括纤维、

半纤维素、果胶及其他单体成分等。膳食纤维是健康饮食不可缺少的，在保持消化系统健康上扮演着重要的角色，同时摄取足够的膳食纤维也可预防心血管疾病、癌症、糖尿病以及其他疾病。但仅凭吃蔬菜、水果难以满足人体膳食纤维需要。马铃薯皮渣含有高达干基 50% 的纤维，是廉价而安全的膳食纤维资源。研究者所得马铃薯皮渣膳食纤维色白，膨胀力、持水力高，生理活性良好。故马铃薯皮渣膳食纤维的加工制备具有广阔的开发前景。

制备马铃薯膳食纤维的方法主要有化学法、物理法、生物法及三者相结合法等。采用纤维素酶处理湿马铃薯皮渣制备可溶性膳食纤维，并研究其理化、功能性质。结果表明：该可溶性膳食纤维具有相对较高的分子质量和黏度，其葡萄糖延迟扩散能力、α-淀粉酶活力抑制力、胆酸钠的吸附能力、胰脂肪酶活力及抑制力均高于马铃薯皮渣膳食纤维和市售可溶性膳食纤维。

3．提取果胶

果胶是羟基被不同程度甲酯化的线性聚半乳糖醛酸和聚 L-鼠李糖半乳醛酸，主要存在于植物细胞壁和内层，为细胞壁主要成分，有良好增稠、乳化、稳定和凝胶作用，广泛应用于食品工业，可作为包装膜、增稠剂、胶凝剂、乳化剂、稳定剂、悬浮剂等，也可用于化妆品，有护肤、美容养颜、防紫外线、治疗创口的功效。马铃薯皮渣含干基 17% 的果胶，是量大而实用的良好果胶提取原料。

工业化提取马铃薯渣果胶的生产法主要有：沸水抽提法、萃取法、酸法、酸法＋微波等。研究多集中于提取方法的结合和工艺的优化。目前已经有了关于酶法提取马铃薯渣果胶的专利技术。采用酶法去除蛋白质和淀粉，进行酸提，经乙醇沉淀和洗涤后干燥粉碎得到果胶。产品果胶纯度高、得率高、无铝残，大分子碳水化合物含量也低。

4．制备马铃薯皮渣青贮饲料

将马铃薯皮渣与玉米秸秆按一定比例混合并打包可制成马铃薯皮渣裹包青贮饲料。研究发现，经过青贮后的马铃薯皮渣是优良的肉羊饲料，其干物质、粗蛋白质和中性洗涤纤维的瘤胃降解率较高。同时，用马铃薯皮渣和玉米秸秆混合青贮饲料可以替代全株青贮玉米喂奶牛，使奶牛的饲养成本降低，经济效益提高。

5．制备燃料酒精和生物质混合燃料及能源气体

燃料酒精为新型可再生能源，其推广应用可望有效缓解温室效应及化石能源枯竭等问题，故其发展已成必然。燃料酒精的应用对经济、社会和环境产生巨大的影响。利用高科技降低成本、减少生产过程中对环境的负面影响，是未来燃料酒精的研究方向。我国制备燃料酒精的起步较晚，起先以消化陈化粮为主，故该产业的发展直接影响国家粮食安全。以马铃薯皮渣生产燃料酒精，可大量有效地转化利用马铃薯皮渣，避免资源浪费和环境污染，同时也符合国家非粮化、多元化生产的要求。

目前，性价比较高的发展方向为低成本生物质燃料的冷压成型工艺。马铃薯皮渣中所含淀粉、纤维、固形物以及粗蛋白质等均为较高燃烧值的可燃物质，马铃薯皮渣具有胶黏性质，将其与可燃物（如煤粉等）按一定比例混合，冷压成型，即为生物质混合燃料，从而实现马铃薯皮渣的低成本高效利用。

在能源气体生产方面，四川马铃薯工程技术中心通过使用外来入侵植物——紫茎泽兰的茎秆和马铃薯废渣为原料，探究厌氧发酵沼气产气量与两种原料比例、沼气底液和温度的关系，得出在马铃薯皮渣与紫茎泽兰茎秆比例为 2∶1，沼气底液 100 mL 和 30℃的厌氧发酵条件，产气速率和累积产气量出现最高峰。又以小白鼠为试验对象，利用产气后的沼渣作饲料进行毒性研究，观察 65 d 后，发现沼渣比例在 10%内时，试验组小白鼠生长发育情况与对照组相近。这些都为紫茎泽兰和马铃薯废渣的资源化利用

提供了新的方法，为采用马铃薯渣厌氧发酵产生沼气提供了技术支持。

6．制备方便面料包可食性膜和饲料种曲

利用马铃薯皮渣制备方便面料包可食性膜和饲料种曲，实用且经济，以马铃薯皮渣代替部分粮食，原料来源广泛、成本低、效益高。研究表明：制备马铃薯皮渣方便面油料包可食性膜的最佳工艺条件为：鲜马铃薯皮渣 20 g，琼脂与海藻酸钠的复配比例为 0.5∶0.5，甘油 1.5 mL，硬脂酸的添加量 0.3 g，水浴温度 80℃。产品膜抗拉强度 11.882 MPa，以其包装方便面油料放置于相对湿度 60%、45℃下，3 d 无渗油，沸水煮 3~4 min 可全溶。

在饲料种曲制备方面，采用啤酒酵母、白地霉和热带假丝酵母的固态多菌株协同培养，制备饲料种曲。种曲制备的最佳工艺条件为：培养基组成为麸皮与马铃薯皮渣，比例为 4∶6，在水分含量 50%、28℃条件下培养 60 h，并将啤酒酵母、白地霉和热带假丝酵母以 1∶3∶2 的比例混合接种，得到的种曲中各种酶的活力达到较高水平。

7．制备新型黏结剂、胶黏剂及吸附材料

以改性马铃薯皮渣为基料，以改性植物胶（GZJ）为增黏剂制备了竹签香用胶黏剂。结果表明，研制的胶黏剂在性能、外观及成本等方面均优于商品胶黏剂。

总之，马铃薯皮渣来源广泛，价格低廉，有用成分种类多，含量大，研发潜力大，产品市场前景光明。利用马铃薯皮渣生产高蛋白饲料，制备膳食纤维，提取果胶，制备青贮饲料，制备燃料酒精、生物质混合燃料及能源气体，制备方便面料包可食性膜和饲料种曲，制备新型吸附剂、黏结剂等，都是对马铃薯渣的绿色经济的高效利用；同时有利于实现禽畜的低成本饲养，促进畜牧业、养殖业更快更好发展，有效保护生态环境，做到人类和自然和谐永续发展。

第四节　沼气的产业化对城市节能发展的作用

　　沼气是一种清洁能源，由于其生产加工工艺及储运的限制，在竞争力上无法与广泛使用的石油、天然气等化石能源一较高下。随着国际油价的大起大落及现已探明的化石能源的储量限制，一味地依赖化石能源已成为世界经济发展的瓶颈。国际能源新趋势正在向新型的可循环利用的清洁能源发展，以期替代现在日益减少的化石能源。相比之下，已具有一定技术积累的沼气能源应成为新能源的代表。

　　21世纪以来，环境问题逐渐成为世界各国在经济发展过程中与经济增长相伴生的另一主要问题。在发达国家和发展中国家中，都不期而遇地面对着日益增长的国民生产总值与不断恶化的环境污染问题同步上升的现状。我国也在高速增长的国民生产总值的过程中，面对着令人头痛的环境问题。城市人口的不断增长带来了生活垃圾的大量集中；工业化生产带来了工业垃圾的大量聚集。空气质量的直线下降和雾霾天气的不断增多，让在生活水平进入提高阶段的所有大城市的居民，都感受到了环境对城市宜居和生活质量的影响之大。

　　中国是人口大国，正逐步加大城市化进程和工业化进程，随着城市的扩容和工业的高速发展，环境污染、能源紧缺等问题突显出来，这阻碍了中国的城市化进程，降低了工业化发展速度，影响了城市的经济发展和城市居民的生产生活质量，形成了城市规模的快速发展与城市环境质量的降低和能源供应相对匮乏的矛盾。在面对如此严峻的经济发展矛盾时，应当考虑适时地发展清洁能源，突破经济发展过程中的瓶颈，做到经济发展与环境保护、节能降耗之间的有机结合，使经济发展进入一个可持续阶段。

　　沼气作为一种清洁能源，在广袤的中国大地上已经有了小规模应用，但要作为一种产业化生产的商品，还需要国家提供一套宽松的政策支持和舆论导向，提供雄厚的资金扶持和过硬的技术支持。充分利用国家的现有资源，化腐朽为神奇，变废为宝，让经济发展过程中产生的有机垃圾，通过自然界中的微生物转化成沼气，实现沼气的产业化生产和储运，并进一步形成沼气的深加工，逐步成为为人民大众造福的清洁能源。沼气作为一种清洁能源，不仅会成为工业生产中的重要能源之一，也会成为降低环境污染和提高空气质量的强力推手。因此，促进沼气的产业化，加大沼气的利用率，可以改善城市的环境，促进城市经济的可持续发展，以提高城市的宜居水平和文明程度。

一、沼气的产业化可降低环境污染，增加居民收入

沼气是微生物对有机物在一定环境下发酵分解产生的可燃气体。既然沼气是可燃气体，就是能源，就可以为我们所用。只需对生活污水和生活垃圾进行有效回收处理，就可以形成规模化的沼气产业，从而进一步利用好沼气资源，做好城市的节能降耗工作。

一个规模化的城市，人口在几十万至上千万，每日生产的生活垃圾和生活污水的量是一个非常可观的数字。一个城市的居民在生产生活过程中要产生大量的有机废物，如居民的粪便、残羹剩饭、绿植的枯枝落叶，这些平常在人们眼中习以为常的垃圾，通过集中回收、集中处理，在微生物的有效转化下，会不断地生成沼气，产生大量的热能，最后生成的是对环境无害却对农作物有益的有机化肥。这不仅对城市垃圾进行了有效处理，也对那些对能源需求较小的居民圈提供了足够的能源需求。

现有的城市垃圾和污水处理的方式简单，只是对垃圾进行了简单无害化填埋和焚烧处理，污水则是进行简单沉淀处理，处理规模小；而城市污水和生活垃圾的增长可以说是以惊人的速度递增，这严重影响了城市的美化和居民的生活水平。有人说过：地球上没有废物，只有放错了地方的宝贝。这句话在一定程度上谴责了人类对自然不负责任的索取，而不知道利用自然本身的能量转化，将大量的有机垃圾转化成清洁能源。而根据能量守恒定律，能量是可以在物质间以不同形式进行转换的。为什么我们不能

把生活垃圾和生活污水这些放错了地方的能源宝库，转化成我们日常生活中必不可少的生活能源呢？现在国家经济条件有了一定的基础，人力、物力、财力和相关技术，以及国家可持续发展战略的制定，支持了这一工作的进行，我们可以给自己创造一个更加清洁、更加节能的生活环境，也可以为我们的后代留下一个可持续发展的地球。

现在国家正在大力提倡节能降耗，而对生产生活中产生的有机垃圾进行无害化转化，这些正在国家政策要求的范围之内。只要突破了沼气及其产业化生产和储运的难关，沼气的应用将是清洁能源中可与风能、太阳能相比肩的另一新型清洁能源。如果能在每一个人口聚集的地区建立一个沼气生产基地，并伴有一个相应的发电设备，那么我们将不会再见到由垃圾堆积而成的山丘，也不会再闻到由于垃圾腐败产生的难闻的气味，更不会再见到由煤炭燃烧产生的粉尘造成的雾霾天气。我们的生活环境会变得越来越好，空气会变得越来越清新。

二、沼气产业化的优势

（1）沼气的产业化为城市提供了继化石能源、太阳能、风能等之后的又一种清洁能源。

沼气有其他几种能源不可替代的优势：它降低了对化石能源的依赖；不像太阳能、风能等受环境气候的限制；由于其生产和燃烧可产生大量的热量，应用范围可与石油、天然气相媲美；是可再生能源，不会受到储量的限制。只要有人类生活生产的地方，就会有大量的垃圾产生，就会有制造沼气的原材料。

作为沼气生产的原材料，生活生产过程中的有机垃圾也是破坏环境的重要来源之一。通过对这些有机垃圾的集中收集和处理，就能降低垃圾对城市的污染，变废为宝，为人类的生活生产提供源源不断的能源。

（2）沼气产业的规模化势必要进行大规模工业化生产，这提供了就业岗位，对增加就业、提高城镇人均收入具有积极意义。

对生活污水和生活垃圾的处理，减少了环境污染，净化了城市空气，提高了城镇居民的生活质量。建造沼气生产基地，会用到大量的基础建设资源，如水泥、钢铁以及其他建筑建设资源，这将会直接拉动相关企业的产值增长。对于处于经济发展瓶颈时期的中国能源来说，能够适时地发展沼气能源，会给我国的能源经济提供一个突破产业瓶颈的一种手段。

（3）沼气生产的成本低廉，收入可观。

由于生产沼气的原材料都是城市垃圾，原材料成本基本可以忽略不计。就生产而言，除了前期土地、工业设备及人工成本、技术投资较大，在后期生产过程中，成本仅为人工成本和设备维护费用，其成本低廉可见一斑。况且，国家对节能降耗工程有一定的资金支持，产品利润可得到进一步提高。可以说沼气产业化，是一项既美化环境，又有一定收益的投资项目。如果能有效地研制成功沼气发电项目，这将会成为国家电网中另一个主力军。而沼气生产的最终产物是很好的生物化肥，这也可以提高产品的附加值。

（4）沼气生产的能耗低。

沼气是通过生物在密闭的空间内发酵产生的，外界温差变化会对其产生很大的影响。其所消耗的电能既可通过太阳能和风能提供，也可以靠自身发电设备提供。而由于生活污水的使用，其生产过程中所用的水的问题即可解决，所以在能源消耗上是较低的。在国家大力提倡节能降耗减排的非常时期，沼气有可能登上国家节能降耗政策发展的头把交椅，为国家的战略发展提供可持续的能源供给。

（5）沼气生产能减少城镇污水排放，有效处理部分生活垃圾。

中国是个资源紧缺的国家，为了节约用水，国家做出了相关政策要求。但受制于经济发展的需求，水资源的节约量仍跟不上经济发展的需求量。在沼气的产业化过程中，对污水的需求是巨大的，城市生活生产中的大量有机污水，经过在沼气生产过程中的简单处理，大部分杂质和悬浮物质已得到一定的沉淀,从而降低了污水中的有机质含量,为下一步处理做好了前期工作,并可利用处理后的水为供热循环、工业用水及其他非人畜饮水领域提供水源,减少水资源的浪费,从而降低了对水资源的过度使用,让更多的优质水源为人们的生活提供服务。而对生活垃圾中的有机成分的处理,也可以降低生活垃圾对可用水资源的污染,为我们的生活提供清洁的水源和美景。

三、沼气生产产业化前景

1. 为城镇居民提供燃气

形成规模的沼气,可以向城镇居民提供稳定的生活用气。从工厂里出来的沼气,经过处理后,可经输气管线直接入户,只要气压稳定,居民的生活用气就能得到保障,从而减少对液化气、煤炭等能源的依赖。当沼气的产量达到一定程度之后,可以为相关生产企业提供能源补充,通过原材料和能源的置换,可以降低企业的能源成本,从而提高了居民生活质量,增加了企业的效益,同时也降低了对化石能源的消耗,减少了生产生活过程中的一些浪费。

2. 以沼气为燃料的燃气发电可减缓城镇用电紧张

利用沼气燃烧产生的热能,可以驱动大型蒸汽机,带动发电设备,形成商业电力。商业发电无外乎建造大型水电站、核电站、煤电站等,现如今太阳能发电和风力发电还未形成规模。日本福岛核电站事故给全世界敲响了警钟,核电的发展受到其安全性的威胁;大型水电站的建设受到地理环境的限制;煤电对环境的污染,正在被其他能源取代。而通过沼气的燃烧提供电力,既可以在原煤电的基础设施上进行改进,又保护了环境,其效益是可观的。

3. 为城市提供热能

沼气的生产过程中会产生大量的热能。把这些热能收集起来，可以与通过燃烧产生的热能一起为冬日里的城镇提供暖气，也可以为城市周边的蔬菜大棚提供热量，这不仅降低了工业生产中的碳排放量，减少了城市的雾霾天气，还增加了沼气生产的效益，真可谓一举多得。

4. 为农业生产提供绿色有机肥料

沼气生产过程中产生的沼液、沼渣，通过收集处理后，可以制成高效的有机肥料。这些有机肥料是安全无害的，不含对人体有害的物质，把这些有机肥料放入农业生产中，会大大增加农作物的产量。再通过对农业生产过程中产生的秸秆和农业废料的置换，也可以降低农业生产的成本，提高农作物的质量和收益。当沼气达到一定规模化生产后，其有机肥料的生产也是相当可观的，完全可以满足部分区域内农作物的肥料需求。这也是沼气生产过程中的另一项额外收入。

沼气的应用范围相当广泛，其优势也是相当明显。因此，沼气产业化具有一定的环保优势，也会得到政府的大力支持。只要做好规划设计工作，根据城市排污能力和垃圾处理能力，认真规划工厂用地及相关配套设施，沼气资源的发展不可估量。

第五节 我国农业废弃物沼气生产的现状及前景

我国每年会产生大量有机废弃物，以农业残余物为主，主要包括农作物秸秆、农产品加工副产品和禽畜粪便。以农作物秸秆为例，随着国家扶持现代农业的力度加大，农作物种植面积不断增加，秸秆的数量也在稳步上升。为减少秸秆焚烧带来的环境污染，我国加大整治力度，颁布"禁烧令"、提升农作物秸秆利用补贴力度、鼓励秸秆发电。总体来看，我国秸秆产量巨大，这为秸秆综合利用提供了充足的原材料市场，也为秸秆综合利用产业提供了广阔的发展空间。数据显示，2022年我国秸秆理论资源量为9.77亿吨，其中稻草为2.2亿吨，麦秆为1.75亿吨；玉米秆为3.4亿吨；棉秆为2 100万吨；油料秆为4 200万吨；豆类秆为3 600万吨；薯类秆为2 200万吨。农业废弃物利用得当是资源，利用不当或不利用就很可能成为污染源。因此，提高农民对秸秆利用的积极性至关重要。多年来，我国农村一直面临着因农业废弃物处置不当而造成严重环境污染以及可再利用资源严重浪费的问题。

农业废弃物利用方式多样，如秸秆可用于薪柴、畜牧饲料、工业原料、还田及作为生物能源原料等。尤其是基于农业废弃物的生物能源完全避免了发展生物能源时的"粮食安全"的担忧。目前，结合沼气生产的循环农业利用方式是我国农业废弃物能源利用的最主要方式，其突出的减排效果和减污效果已经被广泛研究和证实。近年来，对我国农业废弃物利用模式的研究逐渐成为热点，目前主要集中在农户层面。农业废弃物的沼气利用被认为是减污、减排和循环农业高效综合利用的最佳途径之一，因此系统和有针对性地对我国农业废弃物的典型利用模式进行梳理，分析其中可能存在的问题有助于我国农业废弃物的高效和无害化利用。

一、我国农业废弃物主要利用模式

我国农业废弃物主要包括农作物秸秆、农产品加工副产品和畜禽粪便，其中农产品加工副产品一般包括稻壳、花生壳和玉米芯。在评估农业废弃物资源量时，农产品加工副产品容易被忽略。由于农作物秸秆和农产品加工副产品均直接来自农作物，其主要利用方式基本一致，但侧重点不同，主要可用于畜禽饲料、工业原料、生活燃料、秸秆还田及作为沼气生产原料等。畜禽粪便的主要用途是作为粪肥和沼气发酵原料等。

在与沼气结合的循环农业利用模式中，在农户层面主要有"三合一"

模式、"四位一体"模式和"五配套"模式；在大中型工程层面有"德青源"模式、"气热电肥联产"模式等。我国农业废弃物主要利用模式如图 6-1 所示。

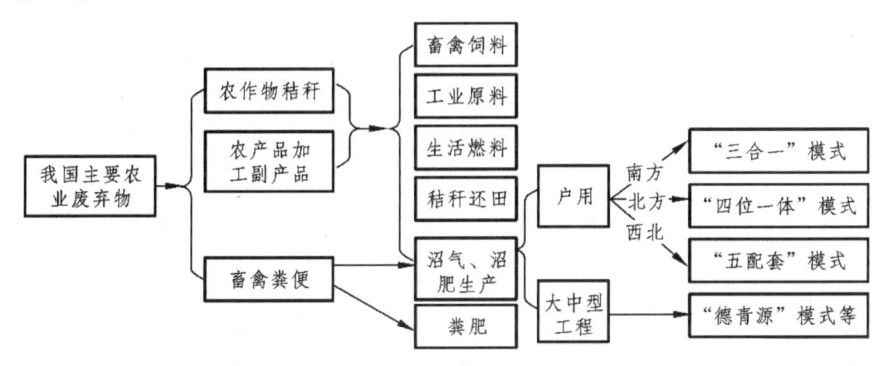

图 6-1 我国农业废弃物组成及其主要利用模式

我国农业废弃物的主要利用方式不同。有研究将我国畜禽养殖场废弃物处理的基本工程模式分为能源生态模式、能源环保模式、种养平衡模式、土地利用模式、达标排放模式等；另外也有研究将养殖废弃物的循环利用模式分为农牧业有机结合模式，物联网+智慧养殖模式，主体小循环、园区中循环和区域大循环模式等；研究认为，目前我国秸秆全量化利用技术模式主要分为还田主导模式、种养结合模式、产业带动模式和多元循环模式等。

农业废弃物具有广泛的用途，除与沼气生产结合的循环农业用途外，农作物秸秆和农产品加工副产品一般还可以用于畜禽饲料、工业原料、生活燃料和秸秆还田等方面。畜禽粪便的非沼气利用模式主要是用于直接堆肥，此外还可用于饲料生产。

此外，农业废弃物还有未利用部分。未利用秸秆一般是指秸秆被废弃或直接焚烧掉的部分。每年直接焚烧的秸秆带来的严重空气污染已经被广泛重视。为了保护环境，很多当地政府都明文禁止直接焚烧，但禁而不止的现象突出。此外，畜禽粪便的未充分利用主要在于农村畜禽散养模式导致的畜禽粪便收集困难。当前畜禽粪便在农村主要用于沼气生产和粪肥，若未妥善处理，同样会对环境造成严重污染。

二、我国沼气利用现状及主要沼气利用模式

1. 我国沼气利用现状

20世纪70年代初,我国政府在农村推广沼气事业,沼气池生产的沼气一般用于农村家庭的炊事并逐渐发展到照明和取暖上。这期间主要经历了5个阶段:第1阶段是20世纪70年代初到80年代初,为高速发展和回落阶段。当时政府在全国大力推广沼气,用于解决农村地区的燃料短缺。但这次"拔苗助长"的推动建设方式由于缺乏技术支持和管理不善,造成沼气池数量先增后降。第2阶段是20世纪80年代初到90年代初,为调整阶段。该阶段主要修理问题沼气池,所以发展速度缓慢。第3阶段是20世纪90年代初到90年代末,为回升发展阶段。由于第2阶段科研与示范工作取得重要成果,沼气与生态建设有机结合,户用沼气池建设回升发展。第4阶段是2000—2012年,为快速发展阶段。其间我国沼气快速发展,户用沼气和农业工程沼气发展尤为迅速。第5阶段为2013年至今,我国沼气总产量开始徘徊不前并有逐渐下降趋势,主要是农村人口生活习惯发生改变、城镇化等原因造成农村户用沼气池大量弃用。

总体上,沼气工程在我国的发展比较顺利。虽然我国沼气总产量达到顶峰并有下降趋势,但农业工程沼气产量仍在逐年增加,在我国沼气总产量中的比例也不断增加。从2001—2015年我国沼气主要来源及比重(见图6-2)可以发现,我国户用沼气产量的比重逐年下降,从2001年的94.67%下降到2015年的83.01%;农业工程沼气产量的比重得到了比较明显的提升,从2001年的1.11%增加到2015年的15.13%;而工业工程沼气的产气量虽然在总量上保持相对稳定,但所占比例却从2001年的4.22%下降到2015年的1.86%。

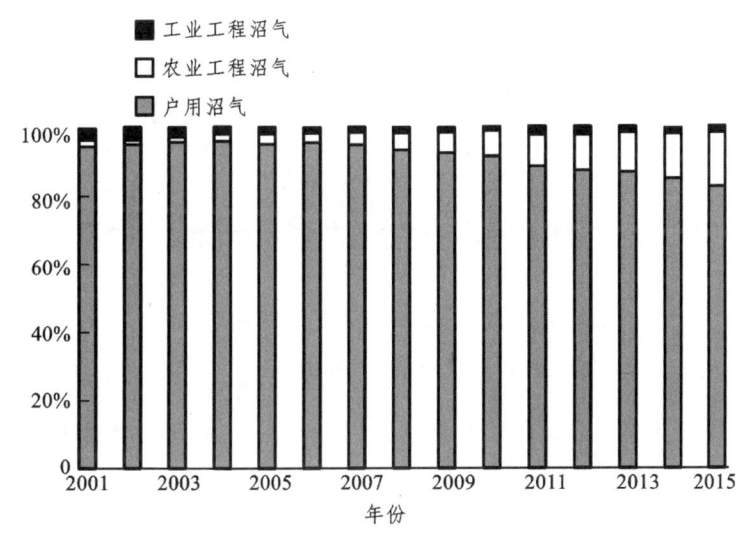

图 6-2 2001—2015 年我国沼气主要来源及比重

从历年我国沼气产量可以发现，沼气生产主要以农业废弃物沼气为主，主要包括户用沼气和农业工程沼气。工业工程沼气在我国沼气产业中的比重极低。因此，农业废弃物的沼气化利用是我国废弃物处理和沼气生产的协同选择。

2017 年以来，随着我国生态环境建设的不断深入，沼气生产也进入了新时代。我国农村沼气已进入建管并重、多元发展的新阶段，形成了农村户用沼气、养殖场大中型沼气工程、养殖小区和联户沼气工程、秸秆集中供气沼气工程、农村中小学校沼气工程等多种模式的建设格局，以沼气装备、沼气施工、沼气科技、沼气服务为主要内容的农村沼气产业化体系也初步形成。目前，我国户用沼气技术基本成熟、日臻完善，普及率快速提高。到 2019 年年底，我国户用沼气达到 4 000 万户，占全国适宜农户的 33%，受益人口达 1.55 亿人，农村沼气年产量 130 多亿米^3，减少二氧化碳排放 5 000 多万吨，生产有机沼肥近 4 亿吨，肥效相当于 470 多万吨硫酸铵、370 多万吨过磷酸钙、260 多万吨氯化钾，每年为农民增收节支 400 多亿元。2017—2019 年我国沼气生产总量如图 6-3 所示。

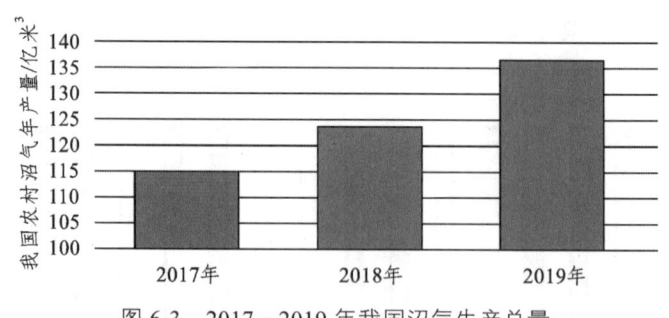

图 6-3　2017—2019 年我国沼气生产总量

2. 与沼气生产结合的循环农业利用模式

与沼气生产结合是循环农业的重要途径之一，而且已经被证明具有显著的减污、减排效果。因此，与沼气生产结合的循环农业利用模式在当前和未来都将是我国低碳发展与可再生能源开发的战略重点。

我国与沼气生产结合的循环农业利用的主要模式为户用模式中的"三合一"模式。"三合一"模式主要分布在我国南方地区。猪粪是沼气生产的主要原料，根据农业对象的差异，目前主要有"猪→沼→果""猪→沼→茶""猪→沼→菜""猪→沼→花"等农业生态模式。除了养殖猪以外，广大农村的农户一般还会养殖牛、鸡、羊等畜禽，因此"三合一"模式可总结为"畜禽→沼气→农林作物"模式，其中农林作物则广泛存在于农业和林业当中。

所用模式还包括"四位一体"模式。"四位一体"模式主要分布在我国北方地区，该模式的特点是引入了温室。该模式以庭院为基础，集日光温室、沼气池、猪舍等为一个统一的整体，以太阳能为动力，以沼气生产为纽带，种养结合构成生态的良性循环，尤其是利用庭院有限的土地和空间，生产绿色有机食品，并通过秸秆利用有效地减少了农村的环境污染。

在我国西北地区还使用"五配套"模式。其主要特点是为了适应当地的干旱环境引入了蓄水窖。该模式主要包括沼气池、果园、暖圈、蓄水窖和太阳能。"五配套"模式以农户庭院为中心，以节水农业、设施农业、沼气池和太阳能的综合利用作为解决当地农业生产、农业用水和日常生活所需能源的主要途径。

随着畜禽养殖的集约化，农村肥料施用由有机肥为主转变为化肥占主导地位，导致了畜禽粪便未充分利用，甚至带来新的环境污染问题。因此，如何高效、综合利用畜禽粪成为畜禽养殖集约化需要考虑的关键问题。

三、我国农业废弃物沼气化利用中存在的问题

1. 我国农业废弃物资源量巨大，但资源浪费严重

在考虑了其他必要用途的前提下，无论是19.00%还是5.64%的农业废弃物沼气开发率，都从侧面反映了我国农村农业废弃物资源浪费已相当严重。如何充分和高效地利用我国农业废弃物资源是未来很长一段时间需要面对的主要问题。此外，目前农业废弃物利用中各用途比例只是当前技术、经济水平下的反映，如何优化利用还需要进一步研究和实践。

2. 沼气池废弃率高

由于缺乏科学的引导和规划，我国的沼气池废弃率问题显得比较突出。主要原因是易接受新事物的农村年轻人外出打工现象越来越多，因外出务工人员增多造成的农村沼气池的闲置比例越来越高，留守在家的多为老年人和小孩，由于技术指导和宣传不到位，老年人不懂得按要求投料、换料，不测试pH，造成发酵料液酸化等，同时部分农户沼气池的原料不足或嫌麻烦也是造成沼气池废气率高的原因。

3. 农业废弃物利用模式多样化，但产业化水平低

目前，我国农业废弃物主要有"三合一""四位一体""五配套"等利用模式，企业化的优良模式还比较少。总体来看，我国农业废弃物利用模式缺乏集约、规模效应，其结果是资源利用率很低，产业化水平低。集约利用的关键在于资金和技术。因此，如何进一步提高农业废弃物利用的技术水平，拓展农业废弃物沼气产业化发展的投、融资渠道是促进我国农业废弃物沼气化利用的关键环节。

4. 我国农业废弃物处理的相关政策亟待完善

大中型沼气工程一次性投资较大，且当前情况下企业能从工程项目建设中获得的收益相对较低，投资回收期长，商品化程度低造成了建设融资难，运行获利难。企业没有经济效益就很难推动沼气产业的发展。我国在沼气工程建设的用地、用电、税收以及排污费收取等方面没有优惠政策和措施，这些都需要完善。只有完善政策，确保沼气工程的健康运转，让高品质的燃气进入市场产生经济效益，才能反过来促进这个行业的发展。此外，我国始终禁而不止的秸秆禁烧问题充分反映出相关政策的实效性低。如何制定出百姓满意且实施效果良好的农业废弃物处理政策，是我国农业废弃物高效、综合利用的政策保障。

5. 我国低碳循环农业发展模式的重视程度不够

众多研究证明，利用农业废弃物生产沼气具有显著的温室气体减排效果，但我国以农户为主要处理单位的废弃物利用模式在减污和减排效果上还不如企业，这主要涉及资源利用效率及沼气逃逸等问题。尽管我国已经有了一些效果极好的企业模式，但推广力度还不够，也就造成了我国农业废弃物集约化利用程度很低，从而导致低碳农业在我国农业生产和农业废弃物处理中的重要性将会愈加凸显。

四、结 论

推进资源循环利用，发展清洁能源，是全世界都将面临的重大挑战。21世纪注重低碳发展，废弃物的减量化、资源化、综合化处理利用是实现低碳发展的基本要求。农业与农村废弃物的资源化循环利用和生物能源化已经成为许多国家低碳发展与可再生能源开发的战略重点，并有望成为极具发展潜力的战略性行业。在我国现有的农业废弃物资源基础上，如何进一步优化利用农业废弃物资源将是一个长久的具有重要价值的课题。

第六节　马铃薯皮渣与牛粪不同配比生产沼气效果研究总结

一、研究背景与意义

在类似四川省凉山彝族自治州的山区农村，养殖业发达，因此牛粪是一种非常易于获取的沼气生产原料，同时大量的牛粪也会对环境起到破坏作用，因此采用牛粪为原料进行沼气生产优势明显。

马铃薯蛋白质营养价值高，易被人体吸收，具备和胃、调中、健脾、益气、强身益肾等保健功效。同时，马铃薯经济价值良好，在食品、淀粉、饲料和医药等领域应用广泛。目前，世界上有 150 多个国家和地区种植马铃薯，总栽培面积达 2 000 多万公顷。在欧美等发达国家，马铃薯多以主食形式消费，已成为日常生活中不可缺少的食物之一。目前，我国马铃薯种植面积和总产量均跃升世界首位，消费也是世界上增长最快的国家之一。我国的马铃薯生产和加工方式较为粗放，产生大量的马铃薯废弃物——废水、废渣、废皮，不但浪费资源，而且污染环境，制约着马铃薯产业的可持续发展。

随着世界马铃薯主粮化战略的不断深入，全粉生产正逐渐代替传统的淀粉提取，因此马铃薯渣的数量大规模减少。然而马铃薯皮的产生不可避免，全球马铃薯加工所产生的马铃薯皮为每年 7 万~14 万吨。马铃薯皮渣含水量高，带有多种细菌，易腐败变质，产生恶臭，污染环境。同时，马铃薯皮渣含有大量的残余淀粉和纤维素物质，还含有发酵细菌繁殖所需的多种营养成分，适合发酵生产沼气。因此，利用马铃薯皮渣作为发酵原料生产沼气，不仅可以减少环境污染，而且还可以达到物尽其用、变废为宝的目的。

沼气发酵是一个相对复杂的过程，由多种菌群共同协作完成。它分为水解阶段、酸化阶段及产甲烷阶段，并维持着相对的动态平衡。马铃薯皮虽然营养丰富，但含有大量的纤维素物质，不易被厌氧菌分解，在发酵初期，微生物可利用的有机物质较少，不利于其生长和厌氧消化的进行。因此，单纯使用马铃薯皮进行厌氧发酵，产气速度慢且产量不高，同时甲烷的纯度较低，燃烧效率低。

混合发酵是近年来厌氧发酵领域研究的热点之一，将较难分解的有机物与易分解有机物混合发酵不但同时处理了几种发酵原料，而且可以提高发酵原料的生物转化率。近期研究发现，沼气生产过程中采用微生物混合发酵的方式，可在较短的发酵期内成功地将碳水化合物转化为大量的菌体蛋白，从而提高产气量。

牛粪是养牛场产生的主要有机固体废物。新鲜牛粪中含有大量的干物质、粗蛋白、粗脂肪、钙、磷等有机质，这些有机质含量丰富且容易被微生物分解，同时还有大量的菌种，如纤维素分解细菌和甲烷菌。如果将马铃薯皮和牛粪混合发酵，牛粪中的易分解的有机质能快速被甲烷菌分解，使其大量繁殖；同时牛粪中的纤维素分解细菌能快速分解马铃薯皮中的纤维素物质，加快马铃薯皮的发酵速度；加之牛粪中还含有部分甲烷菌，混合发酵后甲烷菌的数量增多，改善了原料中的 pH 及 C、N 含量比，从而更利于发酵的进行。

本章研究了一个产气周期（34 d）内不同比例牛粪与马铃薯皮在特定混合发酵条件下产气速率、累计产气量及甲烷浓度的变化趋势；分析了反应体系的 pH 值及物料的总固体含量（TS）、挥发性固体含量（VS）变化情况；得出了最佳产气比，为马铃薯皮资源化研究及技术推广提供了依据。

马铃薯皮和牛粪混合发酵不仅能够同时处理马铃薯皮和牛粪这些污染物质，保护环境，同时可以提高发酵原料的生物转化率，使混合物发酵得更充分，增加甲烷的产气量和浓度。因此，本章研究马铃薯皮和牛粪混合发酵的过程，分析马铃薯皮和牛粪对发酵过程的影响，以找出马铃薯皮和牛粪的最佳产气配比。

二、材料与方法

1. 试验材料

马铃薯皮由新鲜马铃薯经机械去皮所得，并用粉碎机将马铃薯皮粉碎至 0.3~0.5 cm。牛粪取自四川省西昌市某养牛场。沼液取自西昌市马坪坝一农户家常年进行厌氧发酵的沼气池。试验材料的基本性质见表6-1。

表6-1 马铃薯皮、牛粪的基本性质

物　料	含水量/%	TS/%	VS/%	pH
新鲜马铃薯皮	77.56	22.44	88.59	5.9
牛粪	82.44	17.56	63.55	6.8
沼液	89.43	10.57	20.93	8.2

2. 试验方法

试验装置为西昌学院综合实训楼自行设置的可控性恒温厌氧发酵装置，主要由发酵装置、集气装置及控温装置三部分组成，如图6-4所示。采用1 000 mL广口瓶模拟厌氧反应器，将发酵原料（新鲜马铃薯皮与牛粪）按设定的比例放入瓶中，添加沼液500 mL。整个发酵装置于恒温水浴锅中，恒温水浴锅温度控制在28~30℃，反应周期设为34 d。试验设计见表6-2。试验开始时，向反应器内充入氮气，以排净反应器内的空气，用橡胶塞密封，接口处涂抹凡士林增加密闭性。发酵装置和集气装置由橡胶管连接。将准备好的发酵装置放置于水槽内，并设2组平行试验。采用排饱和食盐水法收集气体，每天定时记录产气量；原料、接种物以及发酵前后料液的pH值用精密pH试纸（5.5~9.0）测量；沼气中甲烷浓度利用沼气成分简易测定法测定；总固体含量（TS）、挥发性固体含量（VS）采用常规分析法，测定原料接种物以及发酵前后料液的TS、VS。

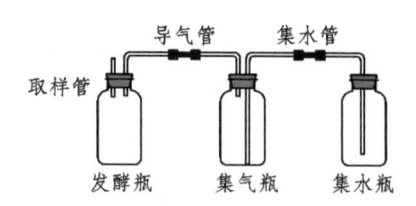

图 6-4　马铃薯皮-牛粪厌氧发酵装置

表 6-2　试验设计

原料 PP（马铃薯皮渣）：CM（牛粪）（质量比）				
A	B	C	D	E
100∶0	80∶20	50∶50	20∶80	0∶100

三、结果与分析

1. 沼气产量及主要成分的测定

产气量随时间变化曲线如图 6-5 所示。累积产气量及甲烷平均含量如图 6-6 所示。

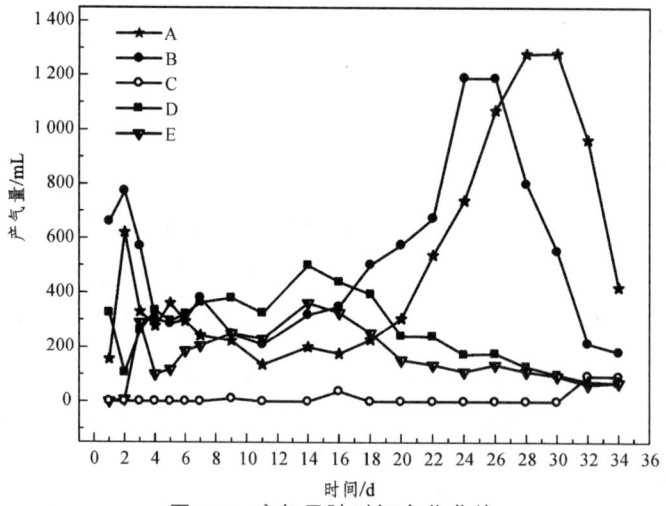

图 6-5　产气量随时间变化曲线

图 6-6 累积产气量及甲烷平均含量

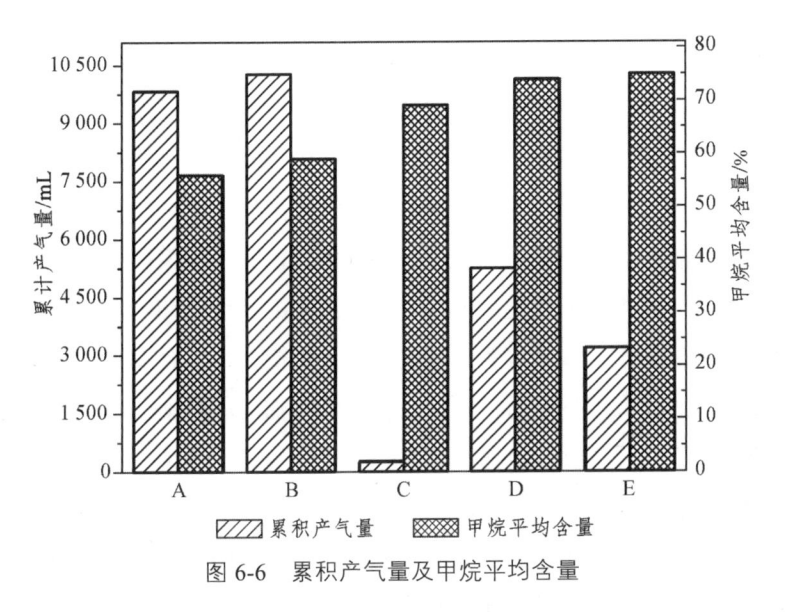

从图 6-5 中可以看出，在 30℃的发酵模拟器中，除试验组 C 外，各组产气情况大致可以分为发酵启动期、发酵盛产期和发酵终止期 3 个阶段。试验组 A、B、D、E 的产气量变化均为增加—降低—增加—降低的趋势。其中 A、B 曲线变化趋势相似，D、E 组变化趋势相似。A、B 组在第 2 天出现第一个产气峰值，在 $t=15$ d，迅速产气，分别在 28 d、24 d 达到产气高峰，分别为 1 280 mL、1 190 mL。产气高峰持续 3~4 d，出现了产气量急剧下降的趋势，一周之后，产气量分别下降为 400 mL、180 mL。D、E 组在第 4 天、第 3 天出现产气峰值，分别为 330 mL、290 mL。在 $t=12$ d，迅速产气，在第 14 天达到产气高峰，分别为 500 mL、360 mL。

另外，从图 6-5 所示的产气曲线可以明显看到，试验组 A、B 较 D、E 曲线的第二个波峰出现较晚，各组试验结束时累计产气量分别为 9 834 mL、10 274 mL、5 241 mL、3 193 mL。以累计产气量达到总产气量的 80%计，试验组 A~E 所需时间分别为 30 d、26 d、22 d、20 d。可以看出添加高比例马铃薯皮渣，累计产气量相应增加，但是产气速率相应下降。这是由马铃薯皮渣和牛粪自身的特点决定的。A、B 组马铃薯皮渣含量丰富，发酵开始时，皮渣中那些易降解的物质首先被微生物代谢分解，出现了第一个产气波峰；接着皮渣中那些难降解的物质如纤维素、木质素等开始降解，又出现了第二个产气波峰。但是马铃薯皮渣中难降解的木质素、纤维素的含量较多，因此产气高峰出现较晚。D、E 组添加了较高比例的牛粪，牛粪中的易分解的有机质能快速被甲烷菌分解，使其大量繁殖；同时，牛粪中的纤维素分解细菌能快速分解马铃薯皮渣中的纤维素和木质素，加快马铃薯皮的发酵速度；加之牛粪中还含有部分甲烷菌，混合发酵后甲烷菌的数量增多，利于发酵的进行。因此，牛粪的添加对厌氧消化起到了促进作用，加快了产气高峰值的出现，在第 15 天产气速率达到最大值。试验组 B 即马铃薯皮渣与牛粪配比为 80∶20 时，累计产气量最多，这是因为马铃薯皮渣含量丰富，含有丰富的有机质，同时添加适量的牛粪，牛粪中含有高浓度微生物，会加速马铃薯皮渣及牛粪自身有机质的分解，因此不论是累计产气量还是产气速率都相应提高。以上结果表明，添加较高比例的马铃薯皮渣进行发酵对累计产气量具有明显优势，而牛粪对加快产气速率具有明显的促进作用。

图 6-7 反映的是沼气中 CH_4 含量随时间变化的曲线。从图中可以看出，试验组 A、B 在发酵初期，沼气中 CH_4 含量较低，一般为 40%~50%。发酵 15 d 后，CH_4 含量逐渐升高，直到第 24 天，甲烷含量达到 80%，反应后期一直维持在较高浓度水平，甚至可达到 85%。试验组 D、E 在发酵初期，沼气就表现出了很好的纯度。在发酵第 4 天，D、E 两组 CH_4 含量分别为 65%、84%。在之后 30 d 的产期过程中，CH_4 含量都较高（65%~85%），在产气量达到峰值时，CH4 含量分别为 78%、70%。结合图 6-5 和图 6-6 不难看出，试验组 A~D 发酵启动速度均较快，A、B 组初期产气量较大，但是 CH_4 含量较低，而 C、D 组初期沼气中 CH_4 含量较高，但产气量相对较少。这是因为虽然 A、B 组反应体系中牛粪含量较低，但是接种液即沼液中同样含有大量的厌氧微生物，能使接种物中的微生物很快适应环境进入活化状态。C、D 组反映体系含有高比例牛粪，提供了大量微生物，促进了厌氧消化作用。

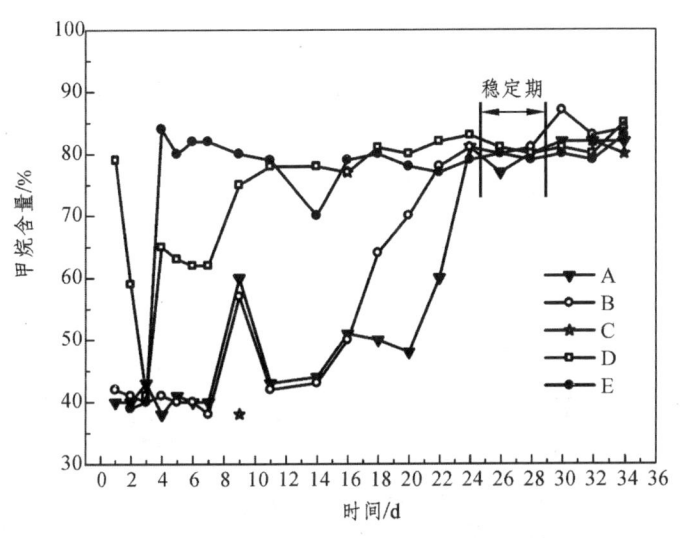

图 6-7 沼气中 CH₄ 含量随时间变化曲线

2. 试验体系 pH 值变化情况

图 6-8 反映的是各组反应体系中 pH 值变化情况。pH 值在厌氧发酵过程中是一个非常重要的参数，所反映的是物料中挥发性脂肪酸（乙酸、丙酸等）的浓度。从图中可以看出，E 组即马铃薯皮渣与牛粪物料比 0∶100，反应体系的 pH 值在厌氧发酵过程中变化不大，保持较稳定状态。在发酵初期，pH 值先下降，到第 4 天，达到第一个峰谷，pH 值为 7.3。在后期的发酵阶段，反应体系的 pH 值稳定在 7.2~7.6。试验组 A~D，从图中可以明显看出，4 组 pH 值变化曲线均在反应的 4~5 天 pH 值由 7.3~7.5 下降到 6.2~6.7。试验组 A 即马铃薯皮渣与牛粪物料比为 100∶0，pH 值下降值最大。发酵 7 d 之后，反应体系 pH 值逐渐增大，直到反应第 34 天，pH 值升为 8.3。而 D 组体系 pH 值变化趋于一个最优的状态，pH 值变化平缓，维持在 6.7~7.5。何光设等研究了在厌氧发酵过程中 pH 值的数学模型，研究发现反应体系内 pH 值主要受有机酸、NH_4^+ 和 HCO_3^-、CO_3^{2-} 的影响。图 6-9 反应的是厌氧环境微生物代谢过程。在厌氧发酵过程中产酸菌、产氢菌、耗氢产酸菌和产甲烷菌起决定性作用。反应体系的 pH 值、发酵过程中这 4 类微生物之间相互依赖和制约的关系都会影响沼气产生。沼气发酵微生物最适宜的 pH 值为 6.5~7.5，超出这一范围，微生物的代谢将减慢、产甲烷

菌受抑制或死亡。根据厌氧发酵理论，挥发性脂肪酸的含量在发酵初期进行有机质的酸化过程，没有达到反应的平稳期，因此体系 pH 值降低。到发酵的第 25~30 d，反应体系 pH 值稳定在 7.1~7.5。这和沼气中高浓度 CH_4 以及产气量高峰出现时期是一致的，都反映了在第 25~30 d 反应体系达到稳态。

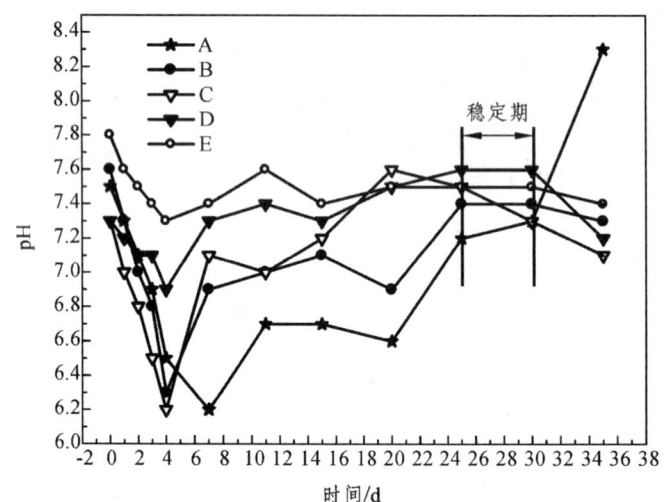

图 6-8 反应体系 pH 值变化曲线

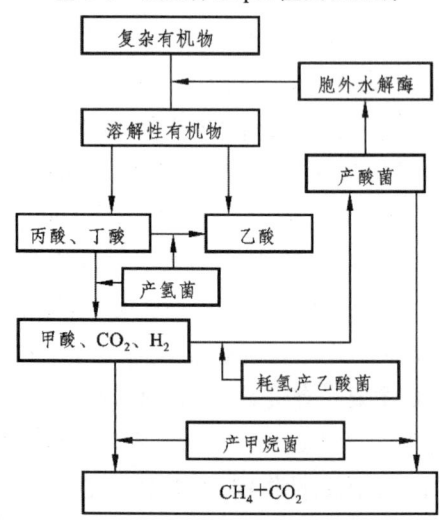

图 6-9 厌氧过程微生物代谢模式图

3. 试验物料 TS、VS 分析

通过测定各试验组和对照组发酵前后料液的 TS、VS、pH 值，可以确定料液中有机物的降解程度。由表 6-3 可知，试验组 A、B 发酵底物的料液 TS、VS 降低程度最大。TS 分解率分别为 33.48%、35.22%，D、E 组次之（23.02%、22.92%），C 组最小（15.63%）。这与之前各试验组的累计产气量具有关联性，即 TS、VS 利用率越大，累计产气量越多。这是和厌氧发酵中微生物新陈代谢要消耗有机物相关的。从原料有效利用与实际操作角度考虑，马铃薯皮渣与牛粪配比为 80∶20 时最适合发酵，此配比所得累计产气量最大，TS 有效利用率为 35.22%，产气率为 291.71 L/kg。

表 6-3 试验物料 TS、VS 分析

试验序号	发酵前			发酵后		
	TS/%	VS/%	pH	TS/%	VS/%	pH
A	15.29	65.23	7.5	10.17	48.61	8.3
B	14.28	60.17	7.6	9.25	40.35	7.3
C	13.31	55.44	7.3	11.23	43.45	7.2
D	13.03	53.85	7.3	10.03	38.89	7.1
E	12.78	52.67	7.8	9.85	37.12	7.4

四、结 论

比较了不同马铃薯皮渣与牛粪不同配比的厌氧发酵产气效果，通过分析产气速率、累计产气量、反应体系 pH 变化以及发酵前后试验物料的 TS、VS 变化情况，得出以下结论。

（1）各组产气情况大致可以分为发酵启动期、发酵盛产期和发酵终止期 3 个阶段。试验组 A、B、D、E 的产气量变化均为增加—降低—增加—降低的趋势。

（2）添加高比例马铃薯皮渣，累积产气量相应增加，但是产气速率相应下降。牛粪的添加对提高产气速率及 CH_4 含量具有明显的优势。

（3）发酵的第 25~30 d，反应体系 pH 值均稳定在 7.1~7.5，发酵过程达到稳态。

（4）增大马铃薯皮渣添加比例，可提高 TS、VS 的利用率。马铃薯皮渣与牛粪配比为 80∶20 时最适合发酵，此配比所得累计产气量最大。

综上所述，马铃薯皮渣是一种较好的沼气发酵原料。添加合适比例的牛粪能够为发酵提供更丰富的菌群，使马铃薯皮渣利用程度更高，产气效果更好。

第七节　实践创新意义

在经济发展相对落后的西南山区，因地制宜发展马铃薯加工产业是实现乡村振兴的有效途径。然而马铃薯产品生产过程中产生的皮渣如果不能有效利用，对环境中空气、水源的污染是极其严重的。在推动经济社会高质量发展的今天，经济发展不能以牺牲环境质量为代价，因此在深入研究马铃薯深加工工艺、技术的同时，必须对皮渣的资源化利用提出可行性方案，以确保地方马铃薯产业从一开始就处于绿色制造阵营，实现可持续发展。

马铃薯皮渣资源化利用的潜在途径有：①制备高蛋白、高能量饲料；②制备膳食纤维；③提取果胶；④制备马铃薯皮渣青贮饲料；⑤制备燃料酒精和生物质混合燃料及能源气体；⑥制备方便面料包可食性膜和饲料种曲；⑦制备新型黏结剂、胶黏剂以及吸附材料。以上途径中几乎没有现成的工艺和技术可以借鉴，技术推广难度远远高于马铃薯加工产业。因此有必要在对马铃薯皮渣资源化利用的潜在途径进行深入分析的基础上，针对马铃薯种植地区的实际需求，研究出切实可行的马铃薯皮渣资源化利用方法。

沼气是清洁能源，同时也是解决贫困山区供暖供热，改善人民生活条件的有效途径。因此，马铃薯皮渣如果可以作为沼气生产原料加以利用，即可实现资源化利用。为此进行了马铃薯皮渣沼气生产研究。研究发现单一的马铃薯皮渣生产沼气出气量不理想，因此考虑添加在西南山区比较容易获取的原材料——牛粪，以提高产气量。通过试验分析，马铃薯皮渣与牛粪混合产沼气是可行的，在此基础上进一步以最高产气量和产气速度为目标，以试验的方式研究最优的马铃薯皮渣与牛粪比例以及最优的工艺参数。

　　这类旨在实现绿色制造的技术创新是西南山区马铃薯产业落地生根的有力保障，也是其他地方产业在开发过程中可以借鉴的实例。

参考文献

[1] 黄群慧. 理解中国制造[M]. 北京：中国社会科学出版社，2019.

[2] 黄群慧. 推动"中国制造"的品质革命[J]. 求是，2018（22）.

[3] 常思亮、刘佳瑶. 近20年我国高校理工科毕业生占比的变化趋势研究[J]. 大学教育科学，2023（1）：59-73.

[4] 谢从华. 马铃薯产业的现状与发展[J]. 华中农业大学学报（社会科学版），2012（1）：1-4.

[5] 沈晓萍，卢晓黎，闫志农. 工艺方法对马铃薯全粉品质的影响[J], 食品科学，2004，25（10）：108-111.

[6] 肖莲荣. 马铃薯颗粒全粉加工新工艺及挤压膨化食品研究[D]. 长沙：湖南农业大学，2005.

[7] 孙传伯，李云，廖梓良，等. 马铃薯皮渣沼气发酵潜力的研究[J]. 现代农业科技，2008，2：8.

[8] 安志刚，韩黎明，刘玲玲，等. 马铃薯废弃物的资源化利用[J]. 食品与发酵工业，2015，41（2）：265.

[9] 崔健久，李宝河. 沼气成分简易测定法[J]. 中国沼气，1985（3）.

[10] 国家制造强国建设战略咨询委员会. 中国制造2025蓝皮书(2018)[M]. 北京：中国工信出版集团，电子工业出版社，2018.

[11] 文一. 伟大的中国工业革命："发展政治经济学"一般原理批判纲要[M]. 北京：清华大学出版社，2017.

[12] 中国社会科学院工业经济研究所. 中国工业发展报告（2018）[M]. 北京：经济管理出版社，2018.

[13] 江飞涛、武鹏、李晓萍. 中国工业经济增长动力机制转换[J]. 中国工业经济，2014（5）.

[14] 汪少琴. 我国制造业的现状和发展路径分析[J]. 江苏科技信息，2016（29）：1-3.

[15] 聂庆明，汪萍霞. 我国制造业的现状及发展对策分析[J]. 无锡职业技术学院学报，2009，8（2）：82-84.

[16] 孙爱中. 我国机械制造业的发展现状与发展前景[J]. 机械管理开发，2021，36（8）.

[17] 西昌卷烟厂设备科. 成都卷烟厂西昌分厂关于技术改造环境影响的报告[R]. 西昌：西昌卷烟厂，2005.

[18] 颜建，梁松坚，杨筱坤. SolidWorks 与 Pro/E 软件横向对比[J]. 装备制造技术，2013（5）.

[19] 阎庆华，林大钧. SolidWorks 结合 AutoCAD 与 3ds Max 实现机械产品设计[J]. 工程图学学报，2004（3）：150-154.

[20] 令锁. 浅谈三维动画制作软件[J]. 艺术科技，2013（5）：23.

[21] 姚胜楠. 3ds Max 在三维动画教学中改革初探[J]. 新西部（理论版），2014（6）.

[22] 江涛，王亚刚. 基于 SolidWorks 与 3ds Max 的医疗机器人仿真动画设计[J]. 软件导刊，2018，17（6）：32-34.

[23] 王明，孔垂雨. 结合 SolidWorks 和 3ds Max 实现机械产品的仿真动画[J]. 华北水利水电学院学报，2011，32（05）：99-101.

[24] 王灿. 利用 3ds Max 为 SolidWorks 制作产品动画[J]. 机械工程师，2002（2）：17.

[25] 彭民，陈昌根，陈剑波. 汽车工业的产业地位及我国汽车工业的发展[J]. 市场论坛，2004（6）：44-45.

[26] 王丽萍. 流水线：世界经济助推器[J]. 理财，2009（10）：41-42.

[27] 张江艳，耿辉霞. 中国"智造"背景下重庆汽车产业发展能力研究——以长安汽车股份有限公司为例[J]. 重庆文理学院学报（社会科学版），2021，40（5）：74-84.

[28] 佚名. 汽车用钢带式弹性卡箍[J]. 中国军转民，2003（4）：44.

[29] 农毅. 浅谈汽车冷却系统常用卡箍性能特点及选用[J]. 装备制造技术，2015（8）：141-143.

[30] 殷博超，张占国，张兴华. 基于传动角和极位夹角设计曲柄摇杆机构[J]. 现代制造技术与装备，2017（6）：52-53.

[31] 马莺. 马铃薯加工业的现状及研究前景[J]. 薯类加工，2001，2：123.

[32] 陈广银，郑正，邹星星. 牛粪与互花米草混合厌氧消化产沼气的试验[J]. 农业工程学报，2009，25（3）：179.